梅花香

自苦寒来

蓬生麻中 不扶自直

华为90后的故事

主 编 田 涛

生活·讀書·新知三联书店

Copyright © 2020 by SDX Joint Publishing Company.
All Right Reserved.
本作品版权由生活·读书·新知三联书店所有。
未经许可，不得翻印。

图书在版编目（CIP）数据

蓬生麻中 不扶自直：华为 90 后的故事 / 田涛主编.
-- 北京：生活·读书·新知三联书店，2020.9（2025.5 重印）
ISBN 978-7-108-06915-3

Ⅰ.①蓬… Ⅱ.①田… Ⅲ.①通信企业 – 企业管理 –
经验 – 深圳 Ⅳ.① F632.765.3

中国版本图书馆 CIP 数据核字（2020）第 134727 号

策　划	知行文化
责任编辑	朱利国　马翀
装帧设计	陶建胜
责任印制	卢岳
出版发行	生活·讀書·新知 三联书店 （北京市东城区美术馆东街22号）
网　址	www.sdxjpc.com
邮　编	100010
经　销	新华书店
印　刷	河北鑫玉鸿程印刷有限公司
版　次	2020年9月北京第1版 2025年5月北京第11次印刷
开　本	635毫米×965毫米 1/16 印张 15
字　数	180千字 / 42 幅图
印　数	206,001-211,000册
定　价	46.00元

（印装查询：010-64002715；邮购查询：010-84010542）

蓬生麻中，不扶而直——「荀子·劝学」

人生攒满了回忆就是幸福——任正非

目 录

001 / **青年是文化演递的先锋力量（序）** 田涛

001 / **守得云开见月明**
作者：徐聪
我选了起薪最低的那个 Offer　002
和华为的"扫地僧"泡在一起　003
一天之内接到 86 个电话　004
一次"愤然反抗"，大家都变了　007
幽兰出于低谷，我在坚持什么？　009

012 / **火神山的一天**
作者：谢世涛
今年春节不回家了　012
深夜，我拨出了两通电话　015
火神山"热闹"的早晨　016
我不是一个人在战斗　018
开通火神山 5G 网络　020

023 / **一路向南**
作者：李大韧

父母的"放任自流" 023

一路向南，选择截然不同的人生 025

华为价值观的"激荡" 026

失败和成功的滋味 027

走过 2019，我才理解了什么是华为 029

032 / **给 Wi-Fi 加灯罩**
作者：周晓

一来就进工厂当了几个月学徒 033

每天最大的爱好是刷图 035

用超材料把天线叠成"三明治" 037

跨界协同创新，给 Wi-Fi 加上抗干扰的"灯罩" 038

做扩大喇叭口的"全栈"博士 042

043 / **极速盲滑的"眼睛"**
作者：Marta Vietti

这项目很酷 044

暴风雪之夜 045

盲滑挑战 050

053 / **炮火还是炮灰？**
作者：胥正浩

秘鲁：不做"吴下阿蒙" 054

瑞典：客户给我上了一课 056

冰岛：只有我一人的办公室 058

墨西哥：给本地员工的交接棒 060

带着妻子看世界，事业爱情我全都要 062

064 / **让机器"看见"**
　　作者：张步阳
　　女友来电，让我灵感闪现　064
　　催命的"十道金牌"　067
　　我像个"网红"，火了　069
　　手不"抖"，眼不"花"，脑子清楚了　071
　　做"顶天立地"的学问　073

074 / **菜鸟买手升级记**
　　作者：张烨苗
　　青铜出击，我被青春绊到了　074
　　黄金法则，笨鸟先飞　077
　　铂金般的经验：在战"疫"中成长　079

082 / **5G 上矿山**
　　作者：陈丹华　张丹
　　意料之外的征途　082
　　金色的希望　084
　　"没有"不等于"不行"　087
　　我们的征途是星辰大海　089

092 / **代码照出你的美**
　　作者：吴亚伟
　　没办法，就是喜欢！　092
　　萌新想成为最懂相机应用的那个人　093
　　落地双摄，我"够"到了　095
　　十来天，我让相机启动性能达到业界第一　096
　　主动重构，效率提升 60%　098
　　年轻，就要一码当先　099

101 / **冈比亚的"鳄鱼哥"**
作者：赵权

首秀惨遭滑铁卢 102
"又来了一个 90 后" 103
跑道上的商务谈判 107
我们失联了！ 109
小国虽小，责任却大 111

113 / **夺金之路**
作者：朱承志

灵光一闪，找到 5G 隐藏的痛点 114
尴尬了，没人"投"的点子 115
好点子，也得有个好故事 116
"约聊"专家，打磨点子 117
没有比较就没有伤害 118
另辟蹊径，解决仿真难题 119
最"燃"的决赛 120
用创新创造价值 121

122 / **非洲小太阳**
作者：曹菲

先斩后奏来华为 122
高冷客户说，我只认你一个人 123
转危为机，做"拆弹"达人 125
第一次想到了放弃 128
我们让村子通上电了！ 129
刚果河畔的转身 131
写在最后 132

134 / 科技的颜值担当

作者：游子良

带着"曼巴精神"走进华为　135
做能留下"时代烙印"的设计　136
华为官方主题团队优秀作品合集　136
凌晨 4 点的努力　140
美，来之不易　141
坚持原创，一看就是华为　142
遇强则强，大平台上的"竞技"　145
待到山花浪漫时　146

147 / 毕业就当"博导"

作者：李思杨

公司敢给机会，我就敢干！　148
"初次见面，请多多关照"　149
中途黯然离场的队员　151
从被气哭，到被暖哭　152
让博士所用即所学　153
"20 级专家"和"呆萌的主管"　155

157 / 算法倔驴和外籍大牛

作者：罗军

从"学渣"到"学霸"的逆袭　157
"勾搭"外籍技术大牛　158
车窗敲出的"Impossible"灵感　160
敢想：让"不可能"接近"可能"　161
让"可能"变成现实　163

167 / **勇闯巴格达**

作者：黄嫒

"为什么每个月都是你发现的问题最多？" 168

伊拉克零现钞支付 再也不怕现场数钱了 169

第一个踏入客户办公室的中国女性 172

突然有一天，巴格达发生了暴乱 175

178 / **一个客户经理的修炼**

作者：崔纹野

真诚又友善的博茨瓦纳 178

出师不利的首秀 180

电梯间的五分钟 181

"我们只接收你深夜 2 点的邮件" 183

185 / **第三次长大**

作者：魏达久

不服？就证明你的水平！ 185

入职一年，主动请缨 PL 187

"谁说 90 后不靠谱！" 188

从 10 秒到 2 秒 190

193 / **世俗又理想，佛系也激昂**

1. 你为什么愿意来华为？ 194

2. 进入华为前后，华为给你的感觉有差别吗？ 197

3. 来华为后，你最大的变化是什么？ 200

4. 你在华为第一个月的工资是怎么花的？ 202

5. 来华为后，你最大的收获是什么？ 203

6. 你在华为最奇葩的经历是什么？ 205

7. 你会推荐别人来华为吗？如果有朋友想来华为，你最想

对他们说什么？ 206

8. 你介意被打上 90 后的标签吗？为什么？ 208

9. 美国制裁后，你对华为、对自己工作的感受有变化吗？ 209

10. 来华为后，有过动摇或沮丧的时刻吗？是什么原因让你选择继续留下来？ 212

216 / **而立之年，中流砥柱**

WLAN 开发部经理王世康：

不要尝试去"管"他们 216

大中华终端电商部部长张俊松：

我眼里的 90 后，天生就是奋斗者 219

解决方案重装旅作战营班长武晓菲：

90 后，让我看到"新"世界 222

青年是文化演递的先锋力量（序）

田　涛

十多年前，我和华为几位高管共进午餐，我们讨论了一个话题：公司80后的员工越来越多了，他们大多是独生子女，也受互联网影响很深，华为这一套文化对他们还有效吗？他们会不会成为华为奋斗精神、奋斗者文化未来的颠覆者？我们共同认为，这个话题无比重要，它关乎华为的价值观能否传承，更关乎华为的基业兴衰。我们一致决定，要跟任总讲一讲，以引起他的关注。

我和其中一位高管去了任正非办公室，我开始陈述看法，没讲到一半，就被他打断了：杞人忧天！80后就不吃饭啦……

四年前，在《枪林弹雨中成长》《厚积薄发》出版之后，社会上尤其是大学生们反响热烈。我在南开大学讲演时，有位大学生问我，华为90后、95后的员工认可华为的文化吗？北京大学一位学生社团负责人直接建议我应该主编一本《华为新生代的故事》。《蓬生麻中　不扶自直——华为90后的故事》就是在这种背景下，开始创意、访谈并整理出版的。

1990年出生的华为员工已经30岁了，三十而立，90后、95后的许多人已经成为华为各个业务部门、研发部门、后勤行政体系中的挑大梁者、领头人和骨干员工。在本书中，你可以看到形形色色的华为90后——在艰苦地区绽放青春的"冈比亚鳄鱼哥""非洲小太阳"和勇闯巴格达的账务姑娘；将5G带进矿山、让无人驾驶的挖掘机在矿海深处大展拳脚和给盲人极速滑雪运动员装上"眼睛"的项目经理；在代码的世界发现美和学校刚毕业就进入华为的"博导"；勇于挑战难题并攻克难题的"揭榜英雄"；还有大年三十奔赴武汉火神山医院工地的"战地坚守者"……他们仅仅是华为90后员工的几十幅缩影。他们的背后是数万无名的90后华为英雄、天才、平凡而努力奉献的普通员工，他们像极了40后、50后、60后、70后、80后的华为人。80后已经成长为华为文化的奉行者、守候者、传播者，数万90后华为人也早就融入到了华为奋斗者的队列中，融入到了华为奋斗文化的洪流中。同时，他们也是华为文化的创新力量和变革力量。

　　青年从来都是文化演递的先锋军。90后的华为员工无论在成长经历、思维和行为风格，乃至于交流语汇、文化符号等方面，都有其独特的"部落风"，但这并不影响他们在高度认同华为的主流价值观、英雄主义文化的同时，也以一种鲜明的"族群"风格、挑战性个性为华为文化带来新的内涵、新的变化。这从"心声社区"大量90后员工的文章中、跟帖中能够获得强烈感受：扑面而来的青春气息，90后式的批判性言论，极富个性的否定性或建设性拍砖，无不透着他们对华为强烈的"爱与失望"和强烈的使命感。我和华为一位资深专家交流时谈到这一现象，他的评论是：这是华为正在崛起的一种亚文化形态，说明华为未来大有希望。世界永远是年轻人的，当年轻人不愿关心华为、懒得批评华为时，华为就走到尽头了。

　　人生只会往一个方向前进，这就是时间流动的方向。个体的生理演化是不可逆的，但人的思想青春却有可能永远保鲜，甚至可逆。

2月下旬，正是疫情肆虐之际，任正非连续六个下午去华为2012实验室研究院与从事基础研究的专家们座谈，我陪同参加并做了许多笔记。任正非对这些以85后、90后为主体的青年人说：

"华为需要哲学，不需要哲学家。"

"我要感谢你们，是你们养活了我。我没什么指示，大家一起喝咖啡、吹牛，吹得越远越好。咖啡厅说话不算数，我说给你提三级工资，没人听我的。"

"钱伯斯很伟大，你们这里要有个口号：向钱伯斯学习！他是我们的对手，是伟大的对手。"

"步调一致只适合传统工业，高科技企业思想要自由。发现费马定理花了300年，我们不能用实用主义要求科学家。我们说做肥黑土地，要多施肥，科学就是我们的牛粪、猪粪，造成未来的丰收。"

"博士是用来啃骨头的，不是来做码农的。你们专家要自己管理，管理哪有那么难？神枪手是子弹打出来的。"

"没有技术上的世界领先，我们就只能卖低价，卖低价你们只能低工资，低工资你们就跑了，华为就成了物业公司，靠出租房子养活。"

"不想挨打，就要跑得快。"

"一个人干净到连细菌都没有，这个人就没用了。"

"枪声一响上战场，尿了裤子的升一级，没尿的升两级，有贡献的升三级。什么叫成功？工资没降就成功了，涨了就更成功了。"

……

参观实验室和座谈间隙，我问一位面孔青涩的专家：多大了？答：26岁，1994年出生的。我接着问：对任总怎么评价？答：原来觉得在云端里，现在觉得很有烟火气，接地气。旁边有位插话：老板也像个90后，很新潮啊……

  本质上，任正非是一位人性大师。他明了那个简单到极致、但却亘古不变的常识，而常识就是真理：人要吃饭，也还要有成就感，还要有那么一丁点的理想主义。

  事实上，这样的常识和大实话人人都通晓，但归根到底在于践行，在于坚守，在于不迷失。

守得云开见月明

作者：徐聪

2014年4月，当我走出"象牙塔"、准备加入华为时，我给自己定下了五年的小目标：收入翻五倍，在云计算虚拟网络某一个领域内成为技术专家，并能够负责一个20~30人的团队。

朋友听到我的目标时很不理解，因为我家里和周边亲戚都是经营公司的，虽然规模不大，但朋友觉得如果我想做管理，还不如回家干活。可是我有自己的追求——我想凭着自己的能力和努力，在我自己感兴趣的行业中做出一些成绩。

如今，五年多过去，收入目标早已实现，我带着一个100多人的团队，做着一份在未来5~10年都大有可为的工作，打了几场刻骨铭心的"战役"，亲眼见证了自己的付出给公司和社

徐聪

会带来的改变。

回望来路的种种艰辛波折和曾经的困惑迷茫,到现在都只剩下一个字:值。

我选了起薪最低的那个 Offer

我本科和研究生就读于浙江大学竺可桢学院,毕业时获得了 GIS(地理信息系统)和公共管理专业的双硕士,收到了九份 Offer,跨度从国家事业单位到金融机构再到民营企业。

从薪资角度看,在三家企业里,华为当时给出的起薪是最低的,互联网公司最高;从招聘规模看,互联网公司的部门向我抛出了他们年度唯一的珍贵橄榄枝,而华为则一口气招了二三十人。父母想让我去工作稳定的事业单位,同学则劝我去薪资最高的互联网公司。

我正在犹豫时,师兄对我说:"那家互联网公司论资排辈的问题比较严重,你作为最新的菜鸟,要想在六七十人的部门里熬出头太难了!如果你想往技术管理方向走,华为给年轻人的机会更多!"华为杭州研究所的所长面试时告诉我:"虽然华为的起薪不算最高,但只要你够努力,发展速度一定很快。"

他们的话不仅给了我"定心丸",更是与我内心潜在的想法不谋而合——早在我踏出校园的那一刻,我就明确了自己未来的方向,要在新兴的云计算行业做技术管理。当时云计算的发展正是欣欣向荣之时,而华为平台够大、机会够多,只要我肯拼肯干,一定能扎扎实实地在自己喜欢的领域做出成绩。所以权衡一番之后,我接受了华为的 Offer。

那时华为杭研所的云计算部门刚组建,主力就是我们这批新进来的员工。大家年纪相仿,都是90年前后出生的"小鲜肉",聊起天来有共同语言,工作起来干劲十足,行事作风也很相似——部门很少开大会,有问题就自己找相关人员快速解决闭环,把时间都花在刀刃上,一门心思想的就是怎么能快点打出一片天地来。

就在这时,我接到了一个任务——和另外一个比我早进公司两年的"老员工"一起,做Openstack(开源的云计算项目)级联大规模架构的预研。

和华为的"扫地僧"泡在一起

进华为之前,我对云计算业务的了解几乎是一片空白,进了华为之后,我主要做的也是NFV(电信云)领域的虚拟网络工作,也就是小规模的云。为了支撑公司未来的业务发展,部门派我去深圳承接大规模云计算的新架构,并拜访一个在泛网络领域专注耕耘了15年的高级别战略规划专家——吴红宁。

那时我作为刚入职的新人,很高兴能有机会和大专家交流,于是非常注意自己的衣着,心想可不能露怯。结果我在走廊里第一次碰到吴老师时差点没认出来——他穿着一件很普通的格子衬衫,套着一件灰扑扑的毛背心,还背着一个半新不旧的小挎包,真的朴素到了极点,而且态度也非常平和谦逊,我在他面前完全感觉不到任何的"级别差"。

直到正式交流时,我才感受到了他厉害的地方。他对云计算的理解超出我的想象,从当时的行业发展趋势、市场形势到竞争对手的情况,从宏观的系统设想到具体的策略执行,他侃侃而谈近两个小时,让我的视野豁然开朗。在后来的工作中,我考虑业务时不再是一个个割裂的模块，而是从全局来进行架构和设计。

接下来的几次交流中，吴老师对技术细节的理解和精通程度也令我震惊，他不但懂每一行业务代码，还追求极致。在他看来，如果一个功能可以用 10 行代码实现，那就绝不应该写出 11 行。

他让我想到了之前华为宣传过的"扫地僧"李小文院士，外表看起来低调朴素、毫无光华，对学术的追求却充满了热爱和赤诚，能耐住寂寞，把时间和精力花在自己内心最在乎的事情上。这份安之若素的执着深深地打动了我。几年后，当我看到网上有人对华为的云计算业务提出各种质疑和责难时，我就会想起吴老师，想起我们曾经的那些憧憬和梦想，想起他在坚持的道路上的那份淡然和洒脱。

那是我成长最快的一段时间，像是打开了新世界的大门。每天我都和吴老师"泡"在一起，他带着我一点点建立全系统的思维，手把手教我怎么把代码写得简洁又漂亮，我们连中午吃饭都在一起。有时讨论太久过了饭点，他还会从他随身背的那个小挎包里拿出一些巧克力、士力架之类的零食和我分享……我几乎是抓住每一分每一秒从他身上汲取养分。两个月后当我离开深圳回杭州时，我感到自己有了脱胎换骨般的变化。

一天之内接到 86 个电话

2015 年 4 月，我从深圳回到杭州后不久，华为就宣布正式进军企业云市场，并且要在 7 月 30 日之前实现业务上线。

这是一个惊雷般的举动，它意味着我们要用短短三个月的时间开辟一个新战场，主力就是我和之前的搭档，再加上两个比我更年轻的新员工。四个人搭起的"草台班子"要真正上战场亮剑了,困难超乎想象,压力扑面而来。

那一刻我想起了师兄曾经对我说的话:"华为给年轻人的机会更多!"

好吧,我不就是为了能有机会"担大任"来的吗?估计也就只有在华为,我们这帮新兵蛋子才能被如此"寄予厚望"!虽然当时在很多人看来,非主航道的华为企业云业务并不算好差事,但我觉得公司能放手让初出茅庐的我们出海掌舵,独立扛起一整块业务。冲着这份信任和磨炼的大好机会就没道理退缩,所以我毫不犹豫地承接下来。

而这个任务没有讨价还价的余地,华为在企业云市场的起步已经晚了,再不争分夺秒,只能眼睁睁看着这个机会窗稍纵即逝。

所以,拼吧!那三个月的时间,就像是一场极限障碍越野,每当快撑不下去时,又抱着"再坚持一下"的心态爬起来,一次又一次地在"绝望——崩溃——重建信心"之间轮回。

当时,我们每做一个东西都要在类生产(生产预发布)环境去验证,业务一步步加码,上面的应用也一个个增多。头一天好不容易在 50 个虚拟机上解决了所有问题,挺住了;第二天醒来时虚拟机又上了 100 个,又出问题了,要再解决。后来虚拟机增加到 1000 个时,出的问题怎么都解决不了,刻不容缓亟待解决的种种难题、急得跳脚跑来问我的同事们、一股脑朝我涌来的信息,就快要将我淹没窒息。短短一天之内,我的手机上有 86 个来电,其中有 30 个都是来不及接的未接来电,eSpace(华为企业内部即时通讯软件)上的语音通话需求还在不停地弹出,头像们也在不停地闪烁……那一刻,我真的沮丧到了极点,整个人瘫坐在工位上,一句话都不想说。

怎么办？问题到底出在哪里？我坐在电脑前冥想，大脑似兵荒马乱的战场，找不到任何头绪。我闭上眼，深呼吸，强迫自己冷静下来，然后捏了捏眉心，睁开酸涩的双眼，沉下心回归到问题本质，去一点点看代码，看别人对类似问题解决方案的讨论。

找了许久，竟然真的让我找到了一个可用的方法，修改了代码后，差点击垮我的难题瞬间迎刃而解。可还没等我高兴多久，一盆凉水当头淋下，将我雀跃的心情浇得透凉。原来，这个方法虽然解决了之前的难题，却又引入了新的问题——把 NFV 场景搞挂了。因为当时华为企业云和 NFV 场景的两套系统用的都是同一套代码，而我在场景验证时只考虑了企业云的，没在 NFV 场景上调试过，所以就出现悲剧了。没有办法，我只得再次硬着头皮，重新去一点一点查看和核对修改的地方对 NFV 场景的影响，定位到问题点之后，再重新进行调测……

那一个月里，我没有休息过一天，中间有一周每天都加班到深夜一两点。杭研所的 HR 专员看到我的打卡记录，担心我身体扛不住，跑到实验室劝我回去休息。当时廊坊交付现场的同事正在拉着我定位问题，我走不开。杭研所的 HR 专员就问廊坊的同事："你这个业务是不是明天就要上线？如果对大局没有本质影响，能否让徐聪先回去睡觉？睡六个小时再回来搞，他已经连续一个多月没休息了。"

于是那天晚上，我就被"强押"着下班回去休息了。

我把这件事当笑话讲给朋友听时，他却很不以为然："你用得着这么拼吗？你现在有车有房的，还有家产可以继承，需要这么玩命吗？"

我沉默了。因为家庭条件算是不错，我经常被人笑为"异类"。当别人为了事业努力拼搏时，他/她会被当作上进的榜样，而我的付出却常常被质疑"自讨苦吃""想不开"。有人还开玩笑地问我，是不是为了"情怀"。

其实，我想得很简单，就是想实现自我价值。我读了那么多书，有自己的信念和抱负，为什么要一直活在父母的荫庇下？

而为了自己喜欢的事业努力拼搏，是每个人都平等享有的权利。

那一刻我想起陪我三班倒、日夜联合调试的华为兄弟们；想起了浙大后面的支付宝大楼常年 24 小时不熄的灯；也想起了父母，他们为了家庭付出的那些辛劳和汗水。

在这世上，要想实现自己的价值，取得一些成就，谁不需要竭尽全力？这不是为了什么"情怀"，只是为了不辜负自己。

更加坚定了目标的我有了更顽强的斗志。终于，我们攻克了一个又一个的难题，华为企业云的业务成功上线，并且逐渐成为华为云的主航道，而我也实现了自己向技术管理转身的目标，开始带团队。

一次"愤然反抗"，大家都变了

我的团队里大部分都是 90 后员工，其中很多人家境都不错，我们做的工作又是新兴的云计算行业，外面的诱惑很多，但我们整个队伍却很团结。有次我和一个兄弟聊天，问他为什么愿意留下来，他告诉我："因为在这里干活儿觉得爽，能学到东西，有价值。"

三个点，听起来简单，做起来却不容易。

我刚带团队时，曾经听到不少抱怨。有的人觉得自己做的安装部署、测试、问题接口类的工作太低端、没价值，能力也得不到提升，心思浮动，工作效果也差。可一个团队总有不同的岗位分工，脏活累活总得有人干吧，怎么办？

就在我一筹莫展时，手底下一个兄弟的"愤然反抗"让我找到了改变的契机。

当时我们测试用的是华为比较通用的框架，整个部门只有一套环境，效率很低。有一个技术水平挺高的员工，常常在自己测得好好的时候，因为别人突然把环境搞挂了而被强行打断。一两次后他脾气上来了，跑来找我吐槽："我们一个做云的，做虚拟化的，居然还要用这么传统的测试方法，真的是太土了！我们完全应该搞一些虚拟化的环境来测啊！"

我听了他的设想，知道他来找我不仅仅是为了吐槽，而是想得到我的支持，允许他分出一部分精力搞自动化测试，于是拍了拍他的肩膀赞同道："你大胆搞，真能弄出来，那就太有价值了！"

他的眼睛瞬间亮了，撸起袖子就热火朝天地干起来。等他做出眉目后，我开始帮他在部门内做推广，并鼓励大家都一起来设计自动化测试用例。众人拾柴火焰高，这样原本被大家嫌弃没技术含量的测试工作立刻就变得有意思起来，而且工作效率也得到很大的提升。

这件事启发了我的思路，每个工作其实都有价值点，关键在于你怎么看待它。我重新调整了部门内部的分工，把运维、问题接口人、测试这几个岗位都设置成轮岗制，有效提升了大家问题定位的能力，并通过各种自动化工具提高这些岗位的工作效率。于是大家逐渐从枯燥、辛苦的通宵变更支持工作中解脱出来，以前一个项目的变更需要十来个人一起熬夜支撑，现在只需要一两个人；以前做运维的同事好几年都要过着日夜颠倒的生活，现在轮岗之后，每个人只用做两个月的运维就可以恢复正常作息。

大家在这样的"轮岗"中也拉通了开发、测试、运维的各项技能，从而成为全栈工程师，能对客户需求进行分解和解耦，用微服务的场景分阶段、快速迭代交付来满足客户需求。在全栈团队的运作和自动化验证的基础上，以前可能需要半年才能实现的客户需求，现在用一两个月的时间就能实现了，极大缩短了客户需求的变现时间。

而为了让团队更加齐心，我设定团队目标时不只是自上而下承接上层组织的要求，也会自下而上听取大家的意见，让团队成员来讨论和投票选出部门的重点工作，这样大家工作起来更有干劲，因为干的都是我们自己觉得有必要、有价值的事情。

虽然我们团队的每个人都很努力，拼命向前奔跑，但与提前发展云业务的其他公司相比仍然有些差距，但我坚信终有一天我们是会赶上来的。

幽兰出于低谷，我在坚持什么？

相对于互联网公司来说，华为云的起步比较晚，我们 2015 年才开始进入公有云市场，当时亚马逊、阿里的份额已经很大了，我们想要虎口夺食得有非常明显的优势。但那时刚出生的华为云平台各种小问题不断，也没有领先友商的关键技术点。一时间内外部对华为在云业务上的发展有许多质疑的声音，甚至有人认为华为天生没有做云的基因。

2017 年，我陷入了低谷。两年多的努力，竭尽全力的付出，仍然收获寥寥，感觉在未来也看不到明确的希望，我自己也开始产生了怀疑——华为云真的能做起来吗？无数个夜晚，当我在浓墨夜色中走出办公室时，我都感觉自己的未来像是那漆黑无星的天空，沉寂而压抑。

那时,有其他公司向我抛出了橄榄枝。已经成为技术管理者的我,换一家公司也可以继续自己的职业生涯,也许还会走得更顺一些。那么,我要离开吗?离开培养了我的公司,离开我一手带出来的团队,离开信任我的主管,离开和我并肩作战的兄弟……

痛苦的挣扎之后,我发现自己没办法离开。三年时光过去,我不再是那个走出校园形单影只的少年,我有了不舍的牵挂,有了沉甸甸的责任,还有更多的对未竟事业的不甘心。

我想接收新的能量,把自己从低谷中拽出来。于是,我去听公司高管和专家们对云市场的分析,我去接触一线的客户,理解他们对云业务的期待。我逐渐明白,未来的云业务一定会是多元的,而华为在硬件上有自己的优势,如果我们能把软硬件结合做好,那就一定大有可为!

重建信心的我给团队成员打气:"没有一个东西不是被骂出来的。有人骂说明还有人在关注,说明这个东西是未来的希望!我们现在正走在正确的路上,相信再过几年,一定能熬出头来!"

我们用行动一点点找回迷失的梦想和失去的信心,我们借着华为在网络硬件上的优势,开始逐步找到发力点:一方面努力提升平台的稳定性和性能指标,支撑大客户业务的规模商用;另一方面构筑差异化竞争力,主导重要功能特性在国内的首发,并提升服务质量。同时,我们与IT芯片应用开发部、罗素部联合运作,通过软硬件结合的方式在业界率先达成千万级转发性能,构建了业界断代竞争优势,获得可信云技术创新大奖,并使我们的产品成为公有云主力销售产品……

我们一步步追赶,在一场又一场战斗中执着地往前冲,虽然未来的路仍然困难重重,但我们已经走出了迷茫和颓丧,向着胜利前进。

2019年,在5·16事件后,华为云帮助消费者业务实现了数据的快速迁移;2020年初在全国抗疫时,华为云支撑了公司内外部各类网上办公和学习的需求,还有众多企业开展云上业务。

一转眼,我进公司已经是第六个年头了。我相信,我会继续留在这里,期待有一天能守得云开见月明,见证这朵凝聚了团队心血的"华为云"能不断给世界带来惊喜和改变,这是我想担起的责任,也是我追求的目标。

(文字编辑:陈丹华)

火神山的一天

作者：谢世涛

2020年1月24日，武汉，大年三十的清晨，天还未亮。我推开窗，凛冽的寒意夹杂着绵密的雨滴扑面而来，街上空无一人，原本喧嚣热闹的城市仿佛在此刻被按下了暂停键，整个世界寂静无声。我把羽绒服的帽子套在头上，踏出家门，和客户一起赶往20多公里外的火神山。

这是我第一次春节留守。我想，它应该只是我以后若干个节假日值班中平凡的一天。

今年春节不回家了

2017年，我毕业后进入华为。结束为期半年的培训后，在2018年初，湖北代表处成为我职场生活的第一站。我来到了武汉，负责武汉移动客户的交付支持工作。为了离客户近一点，我特意在汉口火车站附近的一个小区租了房子，每天大部分时间都和客户在一起，对客户的站点进行网络优化。

节前部门排班，我重点负责除夕前后武汉移动客户在机场、火车站等人流密集区域的网络保障。这是我参加工作以来第一次一个人在外过除夕,原本打算大年初二值完班后飞回三亚老家,陪爸爸妈妈过年。

但 1 月 23 日深夜 2 点的封城通知,把所有的计划都打乱了。

封城令虽然来得突然,但之前并非毫无征兆。从 1 月初开始,武汉的新闻就已经报道多起新型冠状病毒肺炎的病例,而最开始说的"病毒发源地",就是离我租房地不到一公里的华南海鲜市场。要说心里不怕是不可能的,我本来就在"暴风眼"的中心,又看到武汉竟然直接下达了史无前例的封城令,知道这场疫情十分严重,于是赶紧退掉了回家的机票,再看了一眼空空的冰箱,立刻网上下单购买了 10 斤速冻水饺,并在订单上备注:请帮忙要速冻的,不要煮。

凌晨 4 点,水饺送到了。我很感谢外卖小哥,是他们昼夜不息的忙碌,让很多像我这样的普通人得到了生活必需品的保障。封城后,仍然有很多外卖员奔波在路上。那个时候我就想,谁说这个城市"休克"了呢?明明还有这么多人仍然坚守在自己的岗位上。

早上 8 点多,我和部门前辈刘是保像往常一样,早早去了客户办公室值守。但随着 10 点封城的到来,保障的重点区域很快从机场、火车站转到武汉的三甲医院和病人比较集中的隔离点。就诊人员和病患快速增加,武汉移动基站负荷不断升高,"医院的负荷高了,同覆盖区域利用率、用户数均衡一下。"前辈看着指标对我说道。

我立即查看拓扑关系,采取一系列操作完成了任务。

"小谢啊,在特殊时期,对特殊地点特殊用户的感知,更需要保障。"前辈眯着眼睛陷入回忆:"我还记得 SARS 那年,我正在读大学,当时手机还不普及,想给家里打电话报个平安都要排很久的队。那时能听到亲人的声音,无论怎样都会觉得心安许多。现在武汉已经封城了,城里和外界绝不能断了联系。医院里受苦的病人和前线的医生护士,谁都想和家里报个平安说个话,通信这一环就很重要,所以我们一定要保障好网络的连接。"

我点了点头,意识到了自己肩上的分量。那一刻,春节不能回家的遗憾也一下子消散了。我给自己打气,做好自己的本职工作,保障好网络运行,就是我给武汉加油的最好方式。

傍晚近6点,临下班前客户告诉我们后续在家远程值守就行,我收拾好电脑回宿舍。因公共交通停摆,我找了一辆共享单车骑回家。回去的路上,等红绿灯时,我给妈妈打了一个电话,告诉她:"妈,我回不去了,武汉这边蛮严重的。"

当时我想,如果没有封城令,我应该也不会回去了。我不知道自己到底有没有携带病毒,自己年轻还能扛,但爸爸、妈妈的身体本就不太好,万一我回家把病毒带给他们那就太糟糕了。

可就像我对他们的担心一样,妈妈也很担心我。我时常会有些小感冒,她怕我生病,在电话里反复询问叮嘱,我连忙安慰:"妈妈放心,此时此刻我是健康的,我会做好防护的。"

"那你什么时候能回来?"电话那头,我听出妈妈的声音有点哭腔了。

"估计得等到清明或者五一假期吧。"话音刚落,妈妈"哇"的一声,哭了出来。

鼻子酸酸的我,也差点哭了,赶紧转移话题叮嘱妈妈:"没事啊,健康就是最好的,你和爸爸在家也不要出门,戴好口罩。"

把手机揣进口袋,我在夜色中看了一眼这座我生活了两年的城市。素有"九省通衢"之称的武汉,有热情好客的人民,有满大街吆喝叫卖的小吃,是个烟火气非常浓的城市。可此时此刻,平日里车水马龙的路上，已经空空荡荡，偶尔只有戴着口罩的个别行人匆忙走过。寒风吹进脖子，有些冷，我赶紧裹紧棉袄，脚板下意识踩得更快了。

深夜，我拨出了两通电话

回到家，我赶紧整理了一下物资库存，不知道未来一个人要在宿舍里"闭关"多久，得备好干粮啊。在 2019 年 12 月底出现不明肺炎新闻时，我就赶紧网购了几十个 N95 口罩，暂时应该够用；经常小感冒的我也常备退烧贴、感冒药和体温计；我还有 10 斤水饺和麦片，之前还买了点饼干、零食，应该可以撑一段时间……就这样收拾到晚上 10 点半，电话突然响了，代表处 NPO（网规网优负责人）李然从老家打过来的："政府要建火神山医院，客户需要我们去现场保障网络开通，明天你去一趟吧！客户早上 6 点去接你。"

那一刻我的心里"咯噔"一沉——这个时候，去火神山？但我握着电话，只停顿了几秒，就轻轻说了声"好"。要说不怕是假的，此时武汉已经封城了，闭门不出才是最安全的。可是面对工作任务，我说不出拒绝的话。临近春节，部门很多同事都已经回老家过年了，留在武汉的没几个人，而我作为值班留守人员，这是我的职责所在，再怕也得上。

挂掉电话，我快速盘算了一下接下来的工作，明天要规划好火神山的网络怎么建。我主要做现网保障，对网络规划涉及不多，先得做好准备。于是我赶紧打电话求助在甘肃老家的网规同事郭博文，我俩同年进公司，年龄相仿。聊了 20 分钟左右，博文指导我，先得拿到医院的设计图纸，确认医院层高，勘测现网的站点情况，和客户确认现网设备有哪些,还有哪些可用设备、天线的型号和规格等,这样才能综合考虑什么地方可以加站或扩容。

这通电话让我对火神山的工作内容暂时放下心来,但一想到在疫情期去施工现场,我的心又提了起来,说实话,心里是有些慌的。已经是夜里 11 点多,我犹豫了一下,还是决定给我在广州学医的高中同学打一个电话,问他在这种情况下我该怎么做心理建设。

同学正在医院值班,他鼓励我:"我也是怕的,但我是医生呀,和当兵就要上战场是一个道理,我们不上谁上?现在已经是生死存亡之际,'我辈应该奋不顾身,挽救于万一'。你要出门就戴好口罩,穿出去的衣服、鞋子回来就洗了。做好防护,保护好自己就没问题的!"这话初听起来有些夸张,还有些热血,但不得不承认,管用。

可是晚上 12 点多,准备休息的我,躺在床上却怎么都睡不着。我失眠了。

我想到了父母,如果我万一感染了,甚至……他们怎么办?爸妈就我一个儿子,我不能出事……做好防护,应该没事吧?我不停地安慰自己。火神山不只我一个人,那么多施工人员,他们不都在吗?谁不怕呢,但他们也都没有退缩,我年纪轻轻的,何必自己吓自己?做好防护,应该没事的……就在这种反复打架的情绪中,我辗转反侧到深夜 2 点,才迷迷糊糊睡去。

火神山"热闹"的早晨

凌晨 5 点,我醒了,起来吃了点麦片。快 6 点时,我戴上口罩,走出小区,等着客户开车来接我。

见到我,客户的第一句话是:"还有没有口罩?"我点了点头,客户放下心来。那时天刚蒙蒙亮,还下着小雨,气温只有5℃左右的武汉,空气中透着凛冽的寒意。客户的两个主管、一个维护工程师,加上我,一行四人驱车赶往20多公里外的蔡甸区知音湖大道武汉职工疗养院,那里也是火神山医院选址所在。

清晨的江城,一切都还未醒来。一路上几乎看不到除我们之外的车辆,整个城市安静得有点陌生。客户和我谁都没有说话,只有雨刮器来来回回的声音,一下,又一下,让我的思绪很快飘了出去:来都来了,接下来就干吧!

一个多小时的飞驰,我们终于到达了火神山医院附近。把车停在知音湖大道后,我们开始往里走。医院选址在职工疗养院旁边的一大片空地上,还没开始平场,但已经停着很多后来被网友称为"小蓝""小黄"的挖掘机和建材,工地上也已经来了其他单位的工作人员。下着雨的路面满是泥泞,我不习惯小雨打伞,客户也是如此。于是我们冒着雨边走边查勘现场环境,打算等客户高层和院方都来齐之后再讨论具体的网络方案,算是打"前哨"。

雨滴落在眼镜上,一会儿就起了雾,走走停停一个来小时,白色球鞋也淋湿了。到了上午九点左右,车辆渐渐多了起来,整个疗养院出入口通道上几乎停得满满当当。这是建设火神山医院的第一天,应该是整个项目团队还没组建起来,整个疗养院就像一个热闹的"菜市场",来自不同单位的人正在大声交谈。听着耳旁那些熟悉的武汉话,我突然觉得,我认识的那个有些江湖气的武汉,又回来了。

有几位客户的高层领导也来到了现场,和我们一起踏勘现场基站和网络覆盖。我开始和客户逐一沟通站址选择,要不要加站,4G是否要扩容,是否有5G、远程会诊需求等,把客户的需求一一记下来,以便匹配正确的方案。

我不是一个人在战斗

当时在武汉移动客户这边,公司只有我一人在现场,全程和客户以及负责铁塔、电力的同仁对接需求。我发了一张火神山现场照片到代表处的 WeLink(华为推出的协同办公平台)大群里,发了一条信息:"与移动客户在现场踏勘,争取六日内完成武汉'小汤山'发热集中治理医院网络通信部分建设,保障 4G/5G 网络畅通正常。共抗疫情,华为全力以赴。"

刚发出去,群里立刻跳出很多为武汉加油、为公司加油、为我加油的消息,不到一分钟,电话就响了。第一个给我打电话的是政企交付与服务业务部的同事阮瑞,电话里他的语速很快,语气有点急:"院方是否有远程医疗需求或者视频监控需求?我们可以先送设备过去。我们想尽早为抗疫尽一份力。"

"好的,我一会儿和院方沟通时转达你的想法。"

刚挂掉电话,代表亓震的电话就来了:"你戴口罩了吗?现场人多,注意安全,做好防护。"得知我有口罩,他放下心来,并告诉我,公司已经准备了一些口罩、酒精、消毒液、防护服等防护物资。这次我们出发太早了,还没来得及发放,等明天就发放到位,一定保障现场人员的安全。

还有我平素没有打过交道的同事的电话也一个接一个。

"客户有防护服、口罩、消毒液吗?没有的话我们可以送过去。"

"WeLink 可供医院免费试用,说明书已经发送,可以安排技术人员对口支持客户。"

因为要和客户、院方、政府部门对接沟通,很多电话我都来不及接,但这一刻,我深深意识到,尽管当时只有我一个人在现场,但我从来不是孤身一人,我和我背后的一群人在共同战斗,是公司强大的资源和力量在支撑着我们每一个小兵的作战。那一刻,我真切体会到什么是"胜则举杯相庆,败则拼死相救"。

后来,我从部门才知道,在 23 日接到开通火神山 5G 网络的紧急通知后,公司第一时间就成立了应急项目组,连夜讨论方案,确认现场人员,并开始同步协调 5G 基站、SPN 传输设备和建设物资。就在我在火神山的同一时间,还有服务武汉联通的同事和合作方伙伴也在同步进行站点现场勘查、建设方案的设计和物料的到货准备等工作。

当天,我在整个工地上来来回回走了几个小时,将了解到的所有信息汇总分析。火神山医院病房将由集装箱组装而成,集装箱最高的有二层楼高,相比建塔站成本高、时间长,楼顶站可以很快建成。而且疗养院的楼顶高度可行,可以覆盖火神山的网络。客户最终同意我提出的建楼顶站的方案,并在周围再选了两个塔站作为备选。

这一切做完已经是下午 1 点多,早上只吃了麦片的我已经饥肠辘辘,但是生活上有些粗糙的我和客户中的几个"大老爷们",都忘了带点零食来填填肚子,那就只能饿着肚子继续开会。在接下来的时间里,我和客户、政府部门相关人员找了疗养院一间会议室,坐下来一起讨论如何建好网络的技术细节,确定了开通 5G 网络、扩容 4G 的一系列方案。

下午 4 点多,我回到家,这才有时间坐下来一一回复那些来不及接的电话,并向领导和团队汇报了火神山网络建设的进展。代表亓震和交付副代表郑黎勉很关心我的身体健康,询问我是否有异常,我说不会的,应该没什么大问题。晚上,煮了点饺子吃过后,我将开通站点的所有数据工作提前完成，就等基站建好我们再去开通了。

开通火神山 5G 网络

1月25日，大年初一，我没有被安排去现场开站，代表处安排了13名工程师和合作伙伴在火神山现场施工，我和前辈刘是保还有其他小伙伴，一道开了WeLink视频会议在后方远程支撑：一天之内完成5G基站的基本开通。除5G网络，团队还协助移动、联通客户完成4G网络的扩容和3G网络的调优，全部采用最高网络容量配置，以满足现场通信网络需求。

同一天下午，阮瑞也接到了部门主管贾志峰的电话，他主动请缨担任公司支援火神山医院园区和视讯项目交付的项目经理，主要负责视频会议系统、视频监控系统、网络的交付，以保障医院顺利开展远程会诊、远程监护等业务。

找人、找货、拉货、安装、调测，客户的需求一个接一个，整个代表处全员，不管在不在武汉，都投入到了这场抗疫中。我为自己能参与其中，能做点事，由衷地感到充实，还有那么一点点小骄傲。

然而，没想到的是，当天傍晚，我竟然发烧了。

晚上6点多，我觉得有点不舒服，于是测了测体温，结果吓了一跳：38.2℃！我很慌：这是感染了吗？不能慌，不能慌，得赶快把该做的事都做了，我强迫自己镇定下来，第一时间将情况报告给李然。李然宽慰我，先在家隔离观察，暂时不要去医院，医院现在病人太多，更有可能感染。放下电话后，我赶紧加了衣服，贴上退烧贴，烧了一壶开水喝，让自己体感舒服一点。躺下来的时候，我开始胡思乱想，陷入有没有感染新冠肺炎的思考，恐慌的情绪也在心底蔓延开来。我很焦灼，如果得了，得做好应对的措施，看看物理降温能不能扛过去，但我内心又不愿意朝这方面想，觉得应该不太可能，症状更像是感冒。

很快，代表亓震、交付副代表郑黎勉都知道我发烧了，给我打来电话："别慌，先看看情况，有什么问题一定要及时求助。"

从1月25日开始，代表亓震、交付副代表郑黎勉、主管晋云根每天给我打电话确认我的身体情况，公司也给予我很大的关怀，要我及时求助。

1月26日早上，迷迷糊糊中醒来，我又测了体温，还是超过37.3℃。我开始疯狂联系社区，打了四次电话才接通，告诉了他们我的信息。到了下午5点，社区派工作人员上门为我测体温，如果情况恶化就要去医院了。

迷迷糊糊烧了三天之后，我的体温恢复了正常，除了流鼻涕、有点喉咙痛之外，再无异样。但为了不影响他人，我还是继续居家隔离，远程办公，跟进火神山医院的站点保障。而我的同事李顺、唐金东、陈秦龙、何正坤几人，在1月28日现场优化了火神山医院现场及道路的5G网络覆盖和调优。

阮瑞则带领企业业务的同事在2月3日、赶在火神山医院收治病人前，完成了视频会议系统、监控系统和园区的交付，保障医院能开展高速数据上网、数据采集、远程会诊和远程监护等业务。同一天，在雷神山医院，5G基站调试完毕，从次日起正式开始为雷神山医护人员和病人提供免费Wi-Fi服务。

2月5日，在已有第一批患者入住的情况下，数通工程师石杨和陈绪希顺利将火神山医院的内部网络、接诊电话和视频监控等系统调试上线，保障后续病人的顺利入住。

2月8日深夜，同事李顺、谈知亮、张波和郑烽等人紧急奔赴金银潭医院、火神山医院、雷神山医院、协和医院和方舱医院等5处医院调试视讯设备，以保障北京与武汉医院远程连线。

……

至今，华为人一直坚守在岗，以保障网络的稳定运行。

我一直自诩是"佛系奋斗者"，不是学霸，平常也不是团队中特别冒尖儿的那个人，但是当疫情来袭，我是通信人，我在武汉，我责无旁贷。我更知道，不只是我所在的部门，不只是在湖北，整个公司都在为打赢这场疫情防控阻击战做出努力，这是我们的使命，也是我们对客户的承诺。

来华为两年多了，我很快乐，很幸运认识了很多优秀的同事，和他们一起奋斗、一起为了达成某个目标而共同作战的感觉真的很棒。我又想起了当初心怀忐忑时，学医的同学给我灌的"鸡汤"——"我辈应该奋不顾身，挽救于万一！"

是啊，这个时代是属于我们的，我在这个年纪应该做的事情，就是让自己勇敢地发光发热，在每一次"奋不顾身"中，获得拼搏的快乐和成长的价值。

（文字编辑：肖晓峰）

一路向南

作者：李大韧

漠河，中国最北的小城，我的家乡。一年中最冷的时候零下40℃以下，天地间灰蒙蒙的一片，有时还冒着白烟。茫茫林海雪原深处，没膝深的大雪，是凝固在我童年的记忆。父亲说，叫我"大韧"，是希望我像漠河的樟子松一样，既能忍受零下四五十度的低温，也不苛求土壤中水分是否充足，不怕困难，坚韧成长。

但说实话，作为听着"哼哼哈嘿"长大的90后，我当时并不知道什么是困难，直到我的脚步一路向南，来到了阳光温暖的深圳，来到了华为，才知道困难。

父母的"放任自流"

从小父母对我都"放任自流"，当别的父母把孩子从网吧里提溜出来的时候，我的父母不仅从不限制，还给够我钱，允许我在网吧里畅快地玩红警、CS（一款线上游戏）。小学五六年级，家里有了电脑，我更如鱼得水，玩得不亦乐乎。为了炫耀自己的技能，我曾经尝试做过一个小网站，上传过电影，供同学们观看、下载，还写过

作者父母

脚本来帮全班同学抢六位数的 QQ 号。现在想起来，正是父母的"放任"，让兴趣的种子在我心里生根发芽。

父母对我的影响还不止于此。小时候，他们每年都会带我爬一次雪山，说是要锻炼我的意志。我年纪小，但他们不扶不拉，就在我身后陪着我慢慢爬。"快到了！加油！"越往高处走，我的体力越跟不上，还怕脚底打滑摔跤，但听到身后父亲的鼓励声，还是咬着牙继续往上爬。呼哧呼哧喷出的热气，迅速变成一条条飘曳的白烟，凛冽的寒风刮到脸上，带来一阵阵灼痛感。我们就这么走走歇歇，一直登上山顶。站在山顶上，阳光从树林间透射过来，银白色的道路执着地伸向远方，我真切地觉得，只要足够坚持、足够努力，再难的路都可以走过。

而父母也用言传身教告诉我，只要自己热爱的事，不管多困难都要坚持。前两年，快 70 岁的父亲萌生了环游全球的梦想，于是动手改装了一辆面包车，带着母亲开车走遍世界。从国内的内蒙古、新疆、西藏，到国外的老挝、越南、泰国、俄罗斯、土耳其、乌克兰……每一次旅行下来都是好几个月时间。其间我给父亲打电话，他总是说："不要给我打电话，大家都很忙，我也很忙，有太多想要做的事！"

一路向南，选择截然不同的人生

因为喜欢，上大学时我选择了通信工程专业，上研究生时选了雷达方向。毕业时我在企业和研究院之间做抉择时，恰好参加了华为举办的网络大赛，误打误撞地接触到网络安全工作，我觉得这是一个很牛的公司，心中的天平逐渐向华为倾斜。

记得在招聘宣讲会现场，有个同学提了一个犀利的问题："有员工抱怨华为加班这么多，很累，为什么公司不去改变现状呢？"现场鸦雀无声，同学们纷纷把目光投向台上的华为某部门主管。他没有回避问题，而是从容而坦诚地回答："华为起步多少年？爱立信、诺基亚、思科起步了多少年？我们成立的时候，它们已经是世界第一了。如果我们真的想要赶超他们，真的想做到世界第一，没有别的方法，唯一能依靠的只有员工的艰苦奋斗。"

他的话不无道理。很轻松的企业大概只有两种，一种是本身已经是巨头了，不奋斗也可以吃老本，一种是资源类的企业，凭借资源就可以衣食无忧。但绝大多数的企业，想要有所作为，都必然经历成长的痛苦。而就个人而言，我想要选择什么样的人生呢？从小我看着父母在事业单位工作，安稳却缺乏想象力，所以我想要去企业淬炼一下，我猜想那里应该更有活力，更有发挥和成长的空间。

2017年6月19日，我一路向南，如愿加入华为，成了全球技术服务部云开放实验室的一名网络安全工程师。当天我就将报到信封的照片晒到了朋友圈里，并附上文字："新的开始。"此时，除了刚刚加入工作的兴奋，我仅仅是想"炫耀"一下，自己进入了一家不错的世界五百强公司，选择了一种和父母截然不同的人生。

华为价值观的"激荡"

然而,加入华为并不意味着我已经了解华为、理解华为。

入职不久,我读了《下一个倒下的会不会是华为》《枪林弹雨中成长》等书籍,惊讶地发现,原来在华为,工作在哪里,我们就要去哪里。华为人在日本大地震核泄漏后第一时间赶到,华为人把通信设备装在了当时连公路都没有的墨脱县城,华为人在战火的硝烟中帮助客户建起了网络……感动的同时,我心有疑惑:真的要这么拼吗?

2017年11月,我到内网实验室参加项目。公司所有产品都要送到这里进行安全测试,通过后才可以发货。刚去没多久,我们就在一次检测中发现印度研究所的某工具软件可能存在安全漏洞。我和负责产品的同事一同分析问题单,讨论修改方案到了深夜。我发现同事们工作都是那么一丝不苟,我们没吃晚饭,只是为了继续讨论一个比较复杂却级别不高的安全问题如何修改。我虽无怨言,却也不太理解:这事真的这么急吗?

2018年6月,我和一位在华为工作十几年的老员工一同出差。在火车上,我才知道,这十几年,他几乎一直在路上,在异地,甚至异国,很少与家人相处。佩服他敬业的同时,我也看到了他作为父亲的愧疚,更有一丝不理解:为何不辞职回去,找份安稳清闲的工作,陪陪老婆孩子?

身边的这些人和事,一次次打破了我的固有认知。我开始一点点试着理解什么是华为,什么是艰苦奋斗,什么是以客户为中心,并在摸爬滚打中成长和历练。

失败和成功的滋味

2017年年底,部门承接了全球技术服务部某产品网络安全测试的任务。由于架构复杂,涉及范围广,这是个名副其实的"硬骨头"。

会上,主管问:"谁想领这个任务?"现场一片寂静,好几分钟都没有人吱声。然后,我举手了。虽然心里没底,但我觉着,试都不敢试那就太孬了。

费了九牛二虎之力,花了两个月时间,我和我的小伙伴们一起完成了百万代码的网络安全测试,并交给内网实验室复核,没想到被稽核出了一个安全问题,虽然是偶发概率出现的,但问题却很致命。我也因此拿到了第一个不好的绩效。这对我来说,是一个沉重的打击。我一下感觉失去了方向。从进公司起,我一直觉着自己是新员工里比较拔尖的,敢出头,敢做事,可出了这个事,我突然开始自我怀疑:挑头做这些事究竟对不对?我的能力是不是真的强?

任由这样的情绪蔓延了几天,我慢慢想通了,就像父亲说的,只要足够坚持、足够努力,再难的路都可以走过。失败了,吸取教训比什么都重要。何况吃亏在前面,总是比吃亏在后面要好。下次如果我再挑头干,会做得更缜密、更完善!

很快,新的机会又来了。2018年上半年,全球技术服务部决定构建一套政务云DC(数据中心)攻防靶场,为集成测试、客户演示验证、完善方案安全能力提供一个试验场。

我再次举手认领了任务。作为靶场建设的牵头人之一,我和7家国内主流安全厂商合作,把30多类安全产品和服务安装在一起,模拟了政务云现网环境,覆盖政务云安全靶场的全部安全区域。有

2018年，CLOUDOPENLABS 安全团队参加攻防大赛，项目组部分成员（左一为作者）

了这个云靶场，我们就可以提前对华为和合作厂商的安全设备进行安全测试，建立测试基线，还可以可视化模拟攻防过程，对客户演示。

为了推动云靶场落地，我逼着自己不断做更多的知识储备，了解和云相关的知识、安全设备的知识。三个月的时间，我们把云靶场从设想变成了现实，并以此为基础，建立了安全运营中心。在这里，我们可以24小时守护公司的服务器，防范可能出现的安全攻击等。这个安全运营中心也成了客户来参观"打卡"的地方，展现了华为在网络安全方面的实力和努力。

虽然我没有像大队培训同学那样，在非洲、拉丁美洲、欧洲拿下一个个订单，完成一次次交付，但我也为自己感到骄傲。不放弃，不服输，每一项任务做好，就很了不起。

走过 2019，我才理解了什么是华为

正当我为自己的成长而兴奋，觉得所有的困难都不过如此的时候，最寒冷的冬天一夜之间来到了。从 2018 年 12 月开始，公司面临前所未有的困难和挑战。

"华为好像要死了。"——这是我听到的社交平台的声音。

"我们要活下去。"——这是我听到同事说得最多的话。

如果说以前我还不太理解对于一个快速增长的巨无霸通信企业来说，还会遇到什么困难，如今，我终于切实地感受到了这份困难，也因为和公司一同经历这份困难而真正理解了什么是华为。

2019 年初，我参与过一个网络安全方案的设计，这才发现，任

2019 年，CLOUDOPENLABS 安全团队合影

何一个被遗漏的细节，都可能是引发全局性问题的导火索。我也深刻理解了当初为什么我们要不顾休息和吃饭，查资料、讨论到深夜，就为了应对一个看起来风险不大的问题。

2019年6月，部门号召老兵去一线作战，身边有很多同事第二次、第三次出征海外。我曾问过一位已经在印度常驻过四年、两个孩子的父亲，为什么现在还要去海外。他对我说："如果华为倒下了，可能几十年都不会有这样的公司站在世界舞台中心，我不守住这个山头，我的孩子们未来去哪里打拼呢！"此时，我也才明白去年在火车上的那位老华为人在做什么，明白了我们在做什么。

2020年初，新型冠状病毒肆虐，华为支撑湖北移动、湖北联通开通火神山5G基站，并支撑首个"远程会诊平台"正式投入使用。150个兄弟在三天内完成了从网络规划、勘察、设计施工，到铺设光纤、架设基站、开通调测等整套建设流程。看到电视画面里不顾安危而忙碌的身影，我觉得激动而骄傲。这样的时刻，谁不怕？但我们不上，谁上？

……

过去的一年，作为一名基层员工，我欣喜地看到，大家在用更高的效率做好手头的每一项工作，并不停地寻求更好的改变：无论新员工、老员工，都走出舒适区，如饥似渴地改变。我知道，外面惊涛骇浪，我们却风平浪静，内心坚定不移。你们看，如今华为依然真实地活着，困难使我们变成翅膀坚硬、浴火重生的凤凰。

有时我们会问，过了2019年，我们就活过来了吗？发了双月工资证明我们已经好了吗？并没有。我们需要更加努力地工作，我们要在肥沃的土地上长出自己的粮食，除了前行，我们别无选择。困难逼着我们要更快地学习、更快地成长。我想，与公司一同经历辉

2020年，GTS可信使能部团队合影

煌和困难之后，才能理解什么是华为。

新的一年会更加艰难，会遇到更多的阻碍，但是我们已经做好战胜一切困难的准备。无论如何，我们都将全力以赴，补好烂飞机的"洞"，让它飞向更高、更远的天空！

（编辑：江晓奕）

给 Wi-Fi 加灯罩

作者：周晓

2019 年 5 月 16 日晚，我参加完华为战略与技术研讨会议后，和华为海外研究所 Wi-Fi 实验室资深专家 Michael 相约一起从深圳机场起飞，他转道北京，我回苏州。和 Michael 拥抱告别后，我走向自己航班的候机厅，看到登机闸口上有一个熟悉的书籍形状的白色设备，我马上拍照发给了 Michael："see？ There's one 4050HD on each gate."（"看到了吗？每个门上方都有一个 4050HD。"）

这个白色设备就是我们的 Wi-Fi 设备。从 2016 年第一代场馆 Wi-Fi 产品诞生到现在源自华为 5G 的 Wi-Fi6 产品 AirEngine 问

作者

世,一直负责 Wi-Fi 市场拓展的小伙伴告诉我,我们的设备挂在了北京首都国际机场、深圳机场、鸟巢体育馆、深圳地铁……我还从未有机会亲眼见证,这次总算是如愿了。

以往我很少在机场开 Wi-Fi,但这次候机的三个小时,我打开手机连上机场 Wi-Fi 体验了一把,始终信号满格,下载"嗖嗖"地快。对于一个从事理论研究、常常被人觉得不够"接地气"的博士而言,在华为的四年,如同道士下山游历,我学会了双手沾泥,脚踏实地,将所学所长应用于实际。最开心和骄傲的事,莫过于自己的设想最终变成产品,并改变着人们日常工作和生活的方式。

一来就进工厂当了几个月学徒

与 Michael 结缘是 2016 年初的那个冬天,我们第一次见面也是在深圳。

2015 年底,25 岁的我从东南大学博士毕业,研究方向是计算电磁学理论和电磁超材料研究。崇拜 J. C. 麦克斯韦的我,一直渴望通过理论的方法解决工程的瓶颈和难题,而华为当时希望引入电磁学超材料技术,在天线小型化和降低成本上有所突破。我们一拍即合,2016 年元旦后,我加入华为开始天线预研工作,也有幸成为公司在国内做 WLAN(无线局域网)天线的第一个博士。

刚到部门就赶上第一代高密天线交付——技术转产品化的最后阶段。当时我们没有自己的天线研发团队,做自研的在全球不过一两个人,也没有自研的实验室,早年间都是供应商帮我们加工天线,我到华为的第一站,就是去供应商的工厂配合来国内的外籍专家 Michael 一起调试天线。

做天线需要仿真、设计、加工、测试、验证的过程，需要很强的动手能力，但近十年的电磁学理论学习，我更多是通过计算或者编码来推算公式，没有进过工厂，也没有太多实际经验，动手能力可以说几乎为零。

Michael 教我拿着刀，把同轴电缆放在食指上，一点一点剥出它的内芯。同轴电缆直径最大也不过 1.37 毫米，有 4 层，从外绝缘皮、外导体编织层、介质层，再到内芯，从外到里，每剥一层都不能伤了其他层，不然线缆就作废了。如果技术不好，稍不留神就会把手指划破。剥出内芯后还要熔纤，内芯不过 0.3 毫米左右，相当于 3 张 A4 纸的厚度，一开始我手都是抖的，根本熔不上。

Michael 三下五除二，很快就剥好线、熔好纤，干净利落。我惊呆了。Michael 五十出头，在天线领域工作了近二十年，有着深厚的理论和实践功底，但我没想到的是，他手上的"功夫"竟也如此了得。这种 hand-dirty（双手沾泥）的精神深深震撼了我。

给天线"动手术"，就像用手术刀剥生鸡蛋壳而不伤膜，需要长期不间断地练习。近一个多月的时间里，我和 Michael 每天早上一起从酒店出发去工厂，在他的指导下，一边做理论分析，一边调试天线，以两次划破手指的代价，我也掌握了熟练到可以媲美剥线机器的剥线技术。后来的几年时间里，我一直坚持把这一绝技传授给新入职的天线博士们。

但一开始我并不理解，我是从事理论研究的，来华为就是想怎么在这里发挥出价值，每天当"剥线工"有多大意义？完全不需要一个博士啊。而且每天做的都是辅助工作，什么时候才能实现价值？这种自我怀疑和无价值感让我一度对自己的初衷产生了动摇。当压力难以纾解时，我几乎每晚一个人去秦淮河边跑步，疯狂给自己心理暗示，一定能熬过去的，但扎心的是，收效甚微。

前辈们告诉我，当你在华为能熬过前三个月，基本就能"熬"下去了。幸运的是，三个多月后，我参与的天线设计交付项目完成，第一代场馆高密天线成功应用于机场和火车站等人群高密度覆盖区域，这种压力才突然间消散了。对我来说，成功或许才是最有效的解压。

回过头看，这是我第一次亲身经历一个产品从设想、理论、设计、出图到最后交付的全过程，亲身参与天线装在整机上的性能的评估和比拼，目睹资深前辈扎实的剥线基本功，让我懂得既要能"上山"研究，也要能"下山"实践，也可以说是"向下扎到根，向上捅破天"。也是到后来，做了无数次天线开发和研究，我才真正明白，作为一名博士，既会动脑又会动手，才有可能通过不断创新，真正将一个个设想变成现实。

每天最大的爱好是刷图

入职一年多，我先后参与了三四款天线设计，但心底一直有一个小小的遗憾，那就是，没能如愿应用超材料。

电磁波（或光子）和电子是两种最重要的信息载体。基于半导体等电子材料的出现，人们对电子传输行为的调控已经达到相当高的水平，比如智能手机的普及和智能机器人的应用等。我是学电磁学的，一直以来的梦想和追求是，像控制电子一样自由控制电磁波，但现实是，自然材料对电磁波的调控能力十分有限。而超材料是一类具有特殊性质的人造材料，这些材料是自然界没有的。超材料可以改变光、电磁波的通常性质，这样的效果是传统材料无法实现的，比如隐身衣、负折射、电磁黑洞、静止彩虹等，可它还能在通信产品的天线中发挥更大的作用吗？

我从论文中找到了破题的灵感。

从求学时代开始我就保持着一个习惯：每天看学术论文。论文是研究者眼睛向外眺望的一个窗口，也是了解和洞察业界方向和趋势的一个入口。我希望自己每天都能保持"眼睛向外望"，比起每年不超过五六次的国际会议交流，看论文可以说是最快捷的一种学习方式了。当你对一个方向还不清晰时，能做的就是先了解更多的内容，才可能启发灵感。所以，对感兴趣的领域，哪怕工作再忙，我几乎每天中午都会抽出20分钟时间看论文。

有人可能会说，20分钟能看什么？说得对，我的方法稍微有点不同——用图片看论文。以前读书时我习惯用文字检索论文，花个一两天时间一点点下载下来，再从头到尾浏览。看完一篇往往要花很大的精力，但等到读完如果发现不是自己想要的，不仅效率特别低，还浪费了宝贵的时间。图片便是我能找到的折中方式。我会预想一些关键词，比如在网站图片里搜索"天线"，会找出天线的结构、电磁场、分布图、指标曲线等相关图片。这些图片可能就是论文里面的某个图片，点开就直接链接到论文了；又或者浏览了几百张图片，再换关键词来"淘"一遍找到的论文。说来也挺有意思，我看这些图片就跟我太太看淘宝网一样，要是一两天不看，整个人都不舒服。

入职之初，我阅读超材料相关论文时发现，近年来学术界就有超材料应用在Wi-Fi产品中的设想——用超材料创造一个"人工磁导体"。磁导体是物理学上的概念，在自然界中并不存在，自然界存在的是大家熟知的电导体。水平电流放在电导体表面会"短路"，但在"人工磁导体"上是"开路"，天线可以紧贴"人工磁导体"表面，变得更薄。

但这一想法遭到很多人质疑。当时，让天线变薄并不是痛点，因为即便天线做薄，天线的外壳不薄，整机看起来还是不薄。我还没有找到超材料的应用价值，但是我内心一直坚定地认为：这个新东西总有一天会用上。

用超材料把天线叠成"三明治"

2018年元旦，我从南京调到苏州WLAN产品部时，团队正在设计第二代场馆高密天线。

WLAN天线是无线的室内基站，性能上靠近无线宏站的性能，成本又逼近终端天线，处于中间位。传统的做法是在几十米的高空上部署两个无线AP（接入点）加很多外挂线缆，因为场馆很大，天线放在AP旁边即可。而如果我们要弯道超车，最好的办法是反其道而行之，比如小型化和降成本。

我们向公司无线天线团队取经，他们在空口面、小型化上有很多技术和经验积累，但是无线天线的元器件振子和馈线架构是分离的，成本高，没法直接满足WLAN的需求。后来，我们就想，把两个AP合二为一，再进一步把天线一体化集成在我们的主设备里。但把Wi-Fi的2.4GHz频段天线和5GHz频段天线合一的时候遇到一个难题，2.4GHz频段天线的波长比较长，在上面挡住了5GHz频段信号，造成短路：它们不能"叠"在一起。

要怎么解决这个问题呢？我想到了人工磁导体。我把最下层的电导体反射板替换成2.4GHz频段的人工磁导体，实现两个频段天线位置的上下调换，同时2.4GHz天线可以放在5GHz天线下面，就像叠"三明治"一样叠起来。这样两个频段的 Wi-Fi 信号都可以完美地辐射出去，同时也做出了一款超薄的 WLAN 双频天线。

我把这个思路分享给 Michael，他非常支持，鼓励我沿着这一方向继续研究。找准方向比努力更重要，这之后，我又找了与此相关的所有论文和资料，包括理论知识、天线手册、工程书、原版的英文教材等。每想出一个方法，我就和 Michael 团队交流可行性，再一一验证。当时我们还没有自己的实验室，只能自己动手"做"产品。当年跟随 Michael 练就的功夫派上了用场，在和外研所、WLAN 硬件团队合作的近一年时间里，我基本都是在不停仿真、不停验证中度过。好在最终不负众望，做出了 WLAN AP 高密天线的原型。天线成功商用到设备上，尺寸比业界产品小了一半多，整网性能高出业界 30%，华为场馆高密 AP 竞争力领先业界一年以上。这一成果也被评为 2018 年网络（产品线）最佳发明之一。

这些年来我一直难忘在网上见过的两张图片——业内两家顶尖公司的天线样品铺满了整张桌子。这两张图片告诉我，好的设想并不是一蹴而就，而是在不断试错中试出来的。我不能保证每一个设想都能尝试成功，实际上我的想法里只有 30% 能变成项目，30% 里又可能只有一半能产品化，但如果不多看、多试，你永远不知道会做成什么。

跨界协同创新，给 Wi-Fi 加上抗干扰的"灯罩"

2018 年开始，WLAN 开发部逐渐兵强马壮，芯片、算法和天线等领域有越来越多的人员加入，其中博士就有 15 名。苏州研究所作为公司的 Wi-Fi 能力中心，认为要打造 Wi-Fi 领域核心竞争力需要有跨代的技术能力演进，而博士团队的能力和特质决定了可以在这方面发挥更大的作用。研究所设置了"找出 Wi-Fi 的每一个 bit（比特）"主题，并按博士圈运作，每周一次小组讨论，每月一次集体喝咖啡，开展技术交流。

给 Wi-Fi 加上抗干扰的"灯罩"的创意，就是在一次月末"咖啡会"上碰撞出来的。

当时团队正在天马行空般讨论 Wi-Fi6 的技术展望，我想起曾和公司流程 IT 的同事开会，一个技术主管提到一个非常有意思的现象。他说，整个业界都面临一个难题，室内的 Wi-Fi 信号类似于办公室内一个个灯泡发出的光亮，彼此有干扰。他问我："能不能给 Wi-Fi 加一个类似咖啡厅灯的灯罩来抑制这种干扰？"

相比于 4G/5G 网络适用于室外广域覆盖，Wi-Fi 主要用于企业无线办公和家庭网络的高密接入，但一般大的办公区域会安装几十甚至上百个 AP 设备来高密组网，以致 Wi-Fi 的同频干扰比较严重。

众所周知，灯泡加了灯罩，光的强度会减小，但也不太会干扰其他灯泡和被其他灯泡干扰。但给信号加"灯罩"，听起来有点天方夜谭，不过这一大胆的想象激发了团队的思考：可不可以不装"灯罩"就实现信噪比的最优？

我进一步发散思维，以往场馆天线使用的是业界已非常成熟的窄波束低副瓣方案。打个比方，场馆天线就像一个手电筒，手电筒打出的光束是比较窄的，只有举得越高，光斑区域（信号覆盖区域）才会越大。但室内高度有限，而且不可能密密麻麻布置"手电筒"，因而，室内天线必须像灯泡一样让波束变宽，从而"照亮"整间屋子，但又要减少"灯泡"之间的相互干扰，让光（信号）发射到指定的区域里。

让波束"从窄到宽",还要抗干扰,这是一个系统难题。部门成立了天线、RRM(Radio Resource Manage,无线资源管理)算法、网规共同组成的创新组,列出了每一个难点,并进行专业分析。大家开始头脑风暴。有人提出了把八杆子打不着的天线和算法相结合的思路。大伙一听,感觉有戏,于是我们求助无线产品线帮忙测试了室内无线环境的信道情况,再把天线预想的一些波束、网规预部署,导入无线的信道测量和系统仿真平台。仿真结果非常喜人,从理论上可以提升80%的并发容量。

接下来就是细化和落地了。我带着几个新来的博士,也是我同校的师弟,一起研究抗干扰天线。算法博士俞居正带着数人研究抗干扰算法。

这又是一个不断试错、试错、再试错的过程。不同的天线有不同的几何结构,我尝试了很多种结构进行仿真。仿真设计后出设计图,再加工成天线,一次尝试最快一两周能出结果,但一开始不是信号覆盖不够,就是干扰又多了,一直在中间寻找一个平衡点。

我一直把自己定位为"桥梁",架起外籍专家和对内沟通交流的桥梁,天线和其他领域跨界的桥梁,学术界和产业界之间连接的桥梁。所以,这期间我还做了一件事,即想办法和算法团队对接,实现天线和算法最优结合。

听懂算法人的语言是第一步。俞博坐在我旁边,我找他要来算法入门级的教材和资料一通"恶补",不懂就抓住他问,一段时间下来总算能从方案、框架上了解什么是算法了。算法的工作量很大,我牵头搭建了一个办公区的模拟环境,配置好设备,花时间写了两个自动化测试和分析的工具,可以将速率大小、信号强弱通过图形曲线的形式统计出来,让每天测试的速率时延等信息可视化,既方便在实验过程中自动采集数据和抓包分析，也方便算法团队进行算法的阈值调试。

就这样，在多个领域聚焦、一个方向上发力，三个多月后我们交出一张漂亮的成绩单：业界首款室内场景的宽角度低副瓣抗干扰天线，结合CCA（Clear Channel Assessment，空闲信道评估）/TPC（Transmit Power Control，传输功率控制）/AMC（Automatic Modulation Control，自动调制控制）抗干扰算法，室内高密场景组网性能平均优于业界48%。

华为WLAN开发部博士团队（后排左一为作者）

做扩大喇叭口的"全栈"博士

我设计过一张喇叭图。图的中心是一个喇叭,也就是喇叭天线,喇叭口对着全世界最先进的技术,作为博士要了解国际前沿动态,与公司海外研究所交流、联合开发,也要有机会和业界前沿 Fellow(企业院士)面对面喝咖啡,展望未来;在喇叭口的最底端,非常细的矩形区域,我定义为工程化能力,尤其是无线和终端在射频天线技术这块非常强大。那么我自己呢?我想,我处于喇叭口的过渡阶段,站在公司强大的工程能力基础上,通过专业研究来做好外界先进技术和客户价值宽窄喇叭口的转换,最大增益、吸收先进技术和宇宙能量,这才是我这座桥梁应该发挥的作用。

来华为四年,从利用超材料技术突破天线单领域工程瓶颈,到通过天线和算法的跨界创新突破业界难题,我最大的收获是,向外的喇叭口在不断打开。未来,我希望将天线和射频、芯片和算法等多个领域结合,摸索出跨界创新的新方法或模式,从而打造出跨领域的博士军团,就像全营一杆枪,每一杆枪分别代表了各种不同类型的人才,但是每一杆枪都朝向一个目标开火,这样才能发挥出一个军团最大的优势和最强的力量。

很多人说我是一个非典型博士,我喜欢抬头看路,下山游历一番之后再闭关修炼,等到有所成之后再出来继续游历。人生本就是上山、下山,我想,在这条通往未来的路上,创新无止境,追求亦无止境。

(文字编辑:肖晓峰)

极速盲滑的"眼睛"

作者：Marta Vietti

2019年3月20日，德国滑雪胜地里德贝格山（Riedberger Horn）。

这是一个适合滑雪的好天气，寒冷晴好，皑皑白雪覆盖着的阿尔卑斯山脉在阳光下晶莹耀眼，蓝天明净如洗。

站在雪地坡顶的诺埃米（Noemi）却看不见这冬日的风光，她是一名27岁的德国视障滑雪运动员，在15年前因为一场疾病失去了视觉。此刻，她正在做着滑雪前的准备工作。

今天跟平常的滑雪训练有点不一样，诺埃米的领航员宝拉（Paula）不在现场。过去几年，宝拉与诺埃米在滑雪场上总是形影不离，一起在雪地驰骋。宝拉就像诺埃米的"眼睛"，她在前方开道，预判地形和弯道长度，通过耳麦与诺埃米随时沟通脚下情况、传递行进指令，诺埃米紧随其后。她们这样密切配合着完成了无数次训练和赛事，包括2018年在韩国举办的第23届平昌冬季残奥会。而今天，诺埃米却独自站在雪道坡顶，面对一场前所未有的挑战——在没有领航员带领的情况下，独自完成本次高山回转滑雪（回转滑雪是一项竞速滑雪比赛，要求运动员从高山上滑下时不断穿过旗门和障碍物，连续转弯高速下滑）。

看不到雪道状况,没有现场指令和滑雪声作为参考,仅依靠场外的领航员通过 5G 网络给出行进指令,这就好像让一个视力正常的人蒙上眼睛进行障碍滑雪,听起来毫无可能。而我们,为了这个"异想天开"的挑战,已经奋战了好几个月。

这项目很酷

我叫玛尔塔(Marta Vietti),意大利人,今年 26 岁,2017 年 10 月进入华为实习,2018 年 4 月硕士毕业后正式加入华为。这两年,我做过大大小小好几个项目,"极速盲滑"绝对是其中最让我难忘的一个,而我能参与其中也纯属偶然。

2018 年 10 月的一天,一个跟我合作过的项目经理从我身旁经过时,突然停住脚步问我:"玛尔塔,你平时是不是喜欢徒步和爬山?我这里有个和沃达丰合作的项目,要爬很多山,你要不要一起来听听?"可以参加户外活动的项目,有意思!我立刻抓起笔记本跟他去了会议室。

会议刚开始,我就被客户描述的项目背景震撼了——通过 5G 技术由场外领航员提供实时引导,帮视障滑雪运动员诺埃米实现失明后的首次独立滑雪。"太酷了!我一定要加入这个项目!"我暗自下定决心。虽然沃达丰是我负责的主要客户之一,但我当时所在的部门并没有参与这个项目。我跟部门主管磨了好几周,他才终于答应让我参与。没想到加入项目后不久,我还成了华为方的项目经理,这让我兴奋了好久。

"极速盲滑"项目组并不大,沃达丰投入了三名成员,华为这边有四个固定成员。大家都是年轻人,对项目充满激情。

沃达丰将诺埃米的 5G 滑雪之旅定在了 2 月底，项目由华为提供端到端的解决方案。为了实现这个目标，我们花了三个月的时间确定方案及安装和测试设备。由于很多硬件是第一次使用，在安装调测过程中我们遇到了不少问题，但总能整合资源，想出办法解决。

2019 年 2 月初，我们将所有物料运到了格拉德贝克（Gladbeck，德国西北部小城），在那里我们准备了一辆移动基站拖车。为了搭建测试环境，不管刮风下雨还是大雪纷飞，从机关来的无线专家赵洪亮连续十几天，每天一大早从杜塞尔多夫出发，转两趟火车，经过两个小时到达这个小城，再和我们的核心网工程师阿兹法（Azfar）在这辆拖车里待上大半天，配置产品，调试参数。为了优化解决方案和跟进项目进度，我每周也会从办公室到拖车机房，奔波好几趟。有时客户也会到现场参与讨论。

这辆小拖车的车厢不过两平方米大小，里面被抱杆、机柜、配线架、电源柜等设备占得满满当当，狭小的空间塞不下桌子或凳子，大家只能带着电脑钻进车厢，垫个硬纸盒席地而坐。虽然条件艰苦，但这样的"共苦"却使客户团队和华为团队非常紧密地团结在一起，工作也更有激情。

暴风雪之夜

2 月下旬，我们将这辆移动基站拖车拖到了滑雪场所在的山脚下，开始搭建临时控制机房，为滑雪活动做准备。

因为连续暴风雪的影响，客户决定将原定 2 月底的滑雪推迟到 3 月中旬，山脚下控制机房的工期也因此延后。3 月初，我们再次抵达滑雪场山脚下，开始调试设备，启动直播测试。可是这时，一个

安装在滑雪场山脚下的移动拖车和控制室

意想不到的问题出现了。

我们使用华为手机接入客户提供的 5G 直播应用程序后，直播的画面清晰度高，但会出现卡顿。换成另一品牌的手机来直播，播放流畅很多，但清晰度低。之前在格拉德贝克，我们在自己搭建的服务器上曾多次使用华为手机进行测试，网络传输速率一直正常，甚至远超客户的要求，如今换了个地方却"水土不服"，问题到底出在哪里呢？

为了找出问题，我们花了大量的时间验证。时间一天一天过去，我们一遍遍验证排查底层物理设备的网络数据，却一直没有发现明显的问题。眼看距离滑雪活动开始只剩三天时间了，卡顿现象依然存在，机关来的无线专家赵洪亮急得眼睛都熬红了，接连几天没日没夜地待在现场定位问题。直到正式滑雪的前一天，事情才出现了转机。

那天，我和三名华为同事以及一位客户方人员因为大雪被困在了控制室里，直到下午 6 点多，周围已是一片漆黑。这时我们突然发现无线专家赵洪亮不在屋里。我们赶紧用对讲机跟他联系，他回答说他冒雪跑去山顶出发点测信号了。半小时后，赵洪亮终于回来了，衣服上一层雪，满身寒气，看起来情绪有些低落，"数据上下行依然没达到最佳"。客户拍了拍他的肩膀，给他递过来一杯热咖啡。

"会不会是这个应用里面的传输参数配置有限制？我们再试试。"另一位同事坐到电脑前，赵洪亮也捧着咖啡杯凑过去，讨论参数调整方案。我主动请缨，拿起一部手机，出去测试直播信号。外面的雪下得很大，空气清冷，虽然我喜欢爬山，但那天的积雪实在太厚了，足足没到我的膝盖。我高一脚低一脚没跑出几步，就累得气喘吁吁，但我还是尽力朝着山上跑，一边跑一边擦拭屏幕问他们信号情况。

问题解决后大家的笑脸（前排左二为作者）

直到他们通知我可以回去了，我才挂断手机准备往回走。此时四周一片寂静，突然一声巨响，吓得我摔了一跤，跌坐在厚厚的雪地里。爬起身时，我才发现已经走到滑雪场中间，一台巨大的压雪车刚启动作业，轰鸣阵阵。借着压雪车的灯光，我开始往山下走。

当我回到控制室，我发现屋里已是欢乐的海洋，有的人正抱在一起欢呼，还有人在原地又跳又笑。原来刚才和客户一起调试时，终于发现了是客户提供的应用程序里有个参数设置有问题，调整之后问题迎刃而解。

"玛尔塔，太好了！性能上来了！"我来不及抖落身上的雪花，也冲过去跟他们一起拥抱、欢呼。之后我们还分享了不知道谁带来的啤酒，那是我这辈子喝过的最好喝的啤酒！

盲滑挑战

活动当天一大早 6 点多，我们就到滑雪场出发点做准备。诺埃米将要挑战的那个雪道，前一晚我刚爬过，但白天站在坡顶，我才发现它有多陡。这样陡峭的雪坡，若以极快的速度盲滑而下，诺埃米能依靠的只有 5G 实时传送这双新"眼睛"。新眼睛能否正常运作，能否让领航员及时给出指令，帮诺埃米完成所有挑战？在比赛正式开始前，没有人能给出答案。虽然前一晚终于解决了一直以来困扰我们的卡顿问题，也再次验证了数据传输的流畅度，但是万一呢？万一实时画面或是指令传输有任何问题，都将带来不可挽回的后果。想到这些，我的心里真的紧张到了极点。

两小时后，诺埃米来到现场。为了记录这个历史性时刻，沃达丰在现场架设了不同机位的摄像机。趁着现场准备工作还需要一点时间，我忍不住走过去跟诺埃米聊了几句，问她现在感觉如何。她眨了眨眼，做出一个夸张的表情，"其实我有点害怕！"不过她立刻又笑着说："但我对这项技术有信心，而且我对宝拉也有信心！"诺埃米真是我见过的最勇敢的人，望着她的笑脸，我内心的忐忑似乎也消失了。我们一定不能辜负她的信任，要一次成功！

没多久，我和同事回到了山脚下的控制室，领航员宝拉也跟我们一起待在这里。待会儿诺埃米将以 70 公里 / 小时的平均速度从山顶冲下，她唯一能依靠的只有这双首次使用的新"眼睛"——她头盔顶部加装的华为手机。手机会将她身前的雪道状况通过 5G 网络传递给宝拉，宝拉根据实时画面预判并提前 1 秒通过无线电给出行进指令。没有预演，机会只有一次。

滑雪起点处，诺埃米戴上厚厚的滑雪手套，这并没影响她的手指灵活度。再次确认头盔顶部的华为手机已固定好；摸了摸右耳边的耳麦，把它调整到合适的角度；拉下头顶的护目镜在眼前扣好；左脚站上滑雪板，咔嗒一声与固定器卡紧，然后是右脚……诺埃米调整姿势在原地站好，双手握紧滑雪杖，微微屈膝，身体前倾，一切准备就绪。

山脚下临时控制室。我们都专注地盯着眼前大屏幕放送的实时画面，清晰而流畅。宝拉通过耳麦问诺埃米："到点了，你准备好了吗，诺埃米？"诺埃米绽放出笑容："准备好了！"听到诺埃米的回答后，宝拉发出指令："3、2、1！出发！"

话音刚落，诺埃米奋力一撑滑雪杖，如离弦之箭，从高高的雪道上冲了出来。她脚底的滑雪板急速碾压着地面的积雪，洁白的雪花在滑雪板两侧不停飞溅又落下。与此同时，诺埃米头盔顶部的华为手机捕捉着她身前的画面，再通过5G网络实时传递给山脚下的控制室。不远处就是第一个旗门了，宝拉密切关注着大屏幕上清晰而流畅的实时视频，在耳麦中提示："过弯！"这条指令通过5G网络在10毫秒以内完成，速度和人类神经系统一样快。诺埃米毫不迟疑地滑出一道弧线，急速绕过旗门继续向前，前方立刻又是下一个旗门！宝拉目不转睛地盯着着大屏幕，干脆利落地向诺埃米传递指令："前进！""过弯！""下蹲！""陡坡！"诺埃米跟随指令在一个个旗门间急速绕行，动作行云流水，滑雪板在雪地上留下一道道优美的S形。控制室里的其他人都屏气凝神注视着大屏幕，不敢发出一丝声音，以免干扰她俩的交流。

倒数第二个旗门，倒数第一个旗门！最后五米……这是短暂而又漫长的87秒，终于，诺埃米高扬着手中的滑雪杖冲过了终点！控制室里持续回荡着诺埃米庆祝滑行成功的呐喊声。宝拉摘下耳麦,"成功了!她做到了!"她欢呼着冲出门,朝诺埃米跑去。两人紧紧地拥抱在一起,分享着成功的喜悦。

转眼一年过去了,在我记忆中那一切却好像在昨天才发生,终点前的欢呼声,喜极而泣的泪水,都还那么印象清晰。我还记得活动结束后,诺埃米跟我们拥抱,表达谢意:"从站到起点的那一刻,我就抑制不住内心的兴奋。我原本以为自己再也没有独自滑雪的可能了。感谢你们将不可能变成可能,谢谢你们让我成为第一个拥有这样经历的盲人。"

在那之后,我跟身边无数人转发过诺埃米滑雪的视频,也在不同场合分享过我所做过的这个最酷的项目,因为它结合了所有我最喜欢的事情:户外活动、做有意义的事情、使用面向未来的技术、和一群超赞的人在一起工作。有时我甚至担心这会不会是我一生中最激动人心的项目。但我知道,华为会给年轻人提供足够多的机会。不远的将来,一定还会有更酷的项目在等着我。

(文字编辑:邓菁菁)

炮火还是炮灰？

作者：胥正浩

2015年12月，结束"新手村"五个月的洗礼后，22岁的我去全球技术资源中心报到。这是一个向全球项目输送"炮火"的部门，换句话说，就像一块砖，哪里需要就往哪里搬。

办公室有点冷清，只有三三两两的同事在准备签证材料，听说其他人正在全球各地奋战，没有留给我"佛系"的时间，我便接到了第一个任务。地点：南半球的秘鲁。

一线："这是公司A级项目，各方面都很重视，项目开始爬坡期，我们不要新员工……"

主管："给他一个机会，培训排名和上机成绩都很优秀的。"

导师："自学这份核心网白皮书，项目中有涉及。"

一线的质疑、主管的争取、导师的忙碌、偶尔从附近工位上传来的远程会议讨论……我看着周遭的一切，还没出发就隐约感觉到，前方等待我的将是怎样的压力和挑战。

是炮火还是炮灰？走着瞧。

秘鲁：不做"吴下阿蒙"

经过30多个小时的飞行，辗转三个城市，我在深夜到达了秘鲁代表处的宿舍。第二天一早，我刚到办公室，屁股还没坐热，连大门都还没记住往哪开，就被同事们带到了客户办公室。紧张的气氛从进门那一刻便向我袭来。

那是当时代表处规模最大的核心网项目，我们需要帮助移动运营商C客户完成CS Core（电路域核心网）和HSS（用户归属服务器）的整网搬迁以及IMS Core（多媒体核心网）新建。客户办公区已驻扎项目组三个产品线的架构师老大哥，他们在部署着测试设备的实验室，在客户工位之间来回奔波，每个人都神情严肃，神态疲惫。

作为一个"菜鸟"，我既怕开口询问打扰他们的工作，又怕傻站在一旁帮不上忙，心怀忐忑，手足无措。客户还说着节奏极快的西班牙语，少数会说英语的客户口音又有点重，我努力听了半天都似懂非懂，真是急出了一脑门子汗。

项目组刚入场，还没有办公位，我和老大哥们坐在机房的箱子上，耳边大功率风扇使劲地吹着，发出巨大的轰鸣声，到处充斥着我听不懂的语言，一切都那么陌生和突然，职业生涯在地球另一端开始，我一时无所适从到极点……

还好我是坚强的，专家前辈是耐心的，项目技术总负责人的安排是合理的。

当时技术总负责人受部门委托做我的导师，他在工作和生活上都对我颇为照顾。他交给我的第一个任务是抓取各种场景的信令跟踪，配合架构师分析网络中的业务是否能够实现。老大哥们对我这个"菜鸟"也抱以相当程度的宽容，忙碌之余会抽空讲解分析的内容、产品的特性和网络的结构。虽然一开始一知半解，但随着了解的深入，各种知识如同拼图般一块块组合在一起，让我逐渐有了头绪。

不想当"吴下阿蒙"、不敢有丝毫懈怠的我像上足劲儿的发条，拼命追赶着前辈们的步伐：白天争取高效完成已知的工作，把不懂的工作列出轻重缓急，紧急的立刻求助，其他的就加班加点学习；遇到搞不定的，就在吃饭间隙、上下班路上、每周的例会后，见缝插针地向同事们请教学习。我终于慢慢跟上了大家的脚步。

随着时间的积累，我在语言关上也交出了还算满意的答卷。我每天厚着脸皮找本地同事聊天。为了适应当地人的口音，我还简单学习了一些西班牙语词汇，了解当地人的发音习惯。对新环境的不适感每日可见地淡去，虽然一时半会儿并不能滔滔不绝交流对话，但和客户接口人、团队成员打交道时，我已经能自如对话了。

秘鲁代表处不算太大，人手实在紧缺，这就要求每个人都必须能独当一面，我自然也不例外。编写网络设计方案、澄清产品特性、监督上电、本局调测、对接集成、搭建环境、业务实现，再到验收测试和割接商用，我样样不落地边学边干，干活儿的速度越来越快，心里也越来越稳了。

网络变更操作需要在夜间进行，我们经常清晨回到宿舍睡觉，中午又匆匆赶到客户办公室准备下一步的工作。密集割接期时，一周六天，几乎天天如此。虽然老大哥们总是调侃他们不如我这个小年轻能熬，但有时我们一起通宵达旦割接后，中午起床时我却常常发现他们已经处理了一上午工作——为了澄清客户的疑问，为了处理值守时发现的问题，为了完成各方面的工作，他们比我更能熬。

我切身体会到，华为人"以客户为中心"并不只是一句口号，这也成为我坚持下去的理由。

而我也逐渐能独当一面，虽然常驻客户机房的我们基本与代表处的食堂无缘。这里的工作强度有时令人疲惫，我的出差周期也从一开始沟通的三个月变成了九个月，但客户已经开始仔细聆听我的方案，曾经质疑我的一线主管已经舍不得我离开。在我出差期满准备回国时，一线主管问我："你愿意留下来常驻吗？"

我想了想，婉言拒绝了。我希望我的人生能更加多变而富有挑战。家中长辈都是公职人员，他们希望我也能有稳定的发展，但我不想给自己设限，从大学学习物联网到毕业时选择民企，我走了一条家人从未走过的路。

在我看来，人生的精彩就是在不断的变化中去遇见、经历、接受挑战和得到收获。所以我不想一开始就在某个地方停留下来，我想在全球服务资源中心提供的平台上去更多的地方，适应不同项目组的文化和角色，看更多的风景。

我想看看自己能走多远。

瑞典：客户给我上了一课

如果说秘鲁项目给了我一个完整的项目经历，让我从头到尾参与了一张核心网的搭建，那么瑞典客户则给我上了非常宝贵的一课。

当时项目主体割接已接近尾声，我通过项目组面试后，要作为技术组长主导完成 CS 核心网的收尾工作。我早已不再是当年那个手足无措的"菜鸟"，来之前我就将任务目标和工作计划梳理得明明白白，满以为此行会非常顺利，谁料在一开始就状况频出。

客户项目经理在通信行业耕耘数十年，项目组同事带着我拜访他时告诉我，客户会授予我接入网络的账号和权限。于是，第二天我就迫不及待地跑去询问客户PM权限授予的事情，想尽快开展工作，没想到客户淡淡回应："你需要耐心等待一段时间。"说完后，他径直起身走了。

我无奈地回到工作区，尚不以为意，不料技术总负责人突然拉住我小声说："正浩，这边的客户是非常专业的，他们并不喜欢其他人催促他们自己所负责的工作。以后你要注意一点，给他们合理的时间，如果太久没有回应再去询问。"我恍然大悟，方想起客户的回答虽然很礼貌，但已明显不快。

不同地域的客户，工作风格完全不同。在瑞典，计划的准确性与契约精神渗透在整个国家的日常文化中，而我略显激进的工作方式在一定程度上会给客户造成干扰。有时候，客户就是我们最好的老师。了解客户的工作习惯，尊重客户的工作方式，是瑞典客户教会我的第一件事。

而学会和客户专业对话则成了我的另一门功课。

因为人力成本高昂，瑞典客户大量采用智能网的方式，自定义设计出很多业务场景，随之而来的就是各式各样的问题和适配。问题管理成了我的主要工作之一，包括复现问题，分析定位，向不同体系的研发同事传递客户诉求，几乎每个月都有一个新补丁需要在现网实施验证。在此期间，客户展现出非常专业的通信功底。如果说有的客户需要厂商提供保姆式服务，那么在这里，厂商更像是设备实现层面的顾问，客户有时还会反向输出方案给华为确认。如果我拿不出准确切实的分析意见，就无法与客户平等对话。因此，阅读协议，深入了解客户网络的业务，解读客户方案与主流方案的差异,成了我每日的必修课。

在向客户学习的过程中,我也渐渐被客户认可。记得刚来时,赶上网络中的不同领域接连发生的一些小意外,客户主管对项目组说过的一句话至今让我醍醐灌顶:"建立信任需要很长的时间,但华为要摧毁信任却只需要这几次'意外'。"

于是整个项目组更加如履薄冰,我也不断思考:从客户的维度着想,他们想要什么,我又能够做些什么?

我调整了面向客户的例行汇报重点,凸显问题处理的历史进展,便于客户追溯,同时加入每周网络指标观察和分析报告,让客户知道我们的工程人员真正关心着网络。对网络的监控和分析,需要我们每天投入更多的精力,但很快便有了回报,客户更加直观地看到了网络的情况,而问题的有序闭环和网络指标的持续平稳也终于获得客户的认可,我们最终通过了 CS Core 的终极验收。

项目经理有一次从参加客户的高层会议上回来,向我转述客户的话:"如果所有人都能像 Harpell(我的英文名)那样做事,华为的网络就不会有什么'意外'了。"他一时口快,说漏了嘴:"是啊,年轻人就是有冲劲,有想法。"客户很惊讶,他之前没看出来我只是一个工作才一年多的新人。

说实话,在工作中我从来没把自己当成一个新人。我总欣喜于自己又参与了新的项目,结识了新的团队和新的客户,我会努力调整自己去适应这些未知的情况,并在其中获得新的成长。

冰岛:只有我一人的办公室

在离北极圈最近的国家——冰岛,虽然业务量不大,但我们有两个重要的客户 V 和 N。华为在 N 客户的楼上设立了办公室，2017年初的寒冬，办事处唯一一个常驻员工因有要事脱不开身，而两个客户的网络整改又迫在眉睫。在多方协调下，刚结束瑞典项目的我，形单影只地出现在白雪皑皑的冰岛街头。

两家客户一接触便知其鲜明风格：V 客户严格遵从标准和流程，N 客户则自由随性一些。比起听我讲繁复的方案，N 客户更愿意和我在一起唠嗑。但细致接触后我才知道，这只是客户基于对华为公司的信任，而职业化依然渗透在每个细节中。

有天晚上，我和 N 客户天南海北地聊着天，等待网络业务量降至低点时进行网络变更。到了零点，按业内惯例可以进行网络变更，但还有 300 个用户在线，我问客户是否强制下线这些用户、开始变更。平日里随性的客户却罕见地摇摇头，要求我继续等下去，并认真地对我说："Harpell，我知道你去过很多地方，300 个用户相对其他一些运营商的核心网来说可能不算什么，但是在这座岛上，对于我们来说，300 个用户依然占据着相对重要的比例，我们不能中断他们的业务。"

那一刻，我对"以客户为中心"又有了新的认识。不同的客户有着不同的"个性"，我不能陷入以往的经验惯性中，要时时提醒自己去拥抱每一个客户的特定需求。我们一直等到深夜 2 点，确认设备上只剩个位数的用户后才正式开始变更。而在后续的变更中，我们也始终延续着这样的做法。

在冰岛的一个月里，当地每天的日照时间只有四个小时，除了吃午饭时我就没见过太阳。客户下班很早，我常常是独自一人在办公室编写材料、准备方案，窗外一片漆黑，寒风呼啸，刮得玻璃沙沙作响，室内安静得只剩下我敲击键盘的声音。华为办公室里"狼性"

十足的会议声,拉通对齐的争论声,此起彼伏的 eSpace(华为企业通信软件)振铃声,统统离我远去。

后来听同事说,华为攻坚冰岛大项目时,很多人会出差过来支援,办公室也曾人声鼎沸。但那一个月里,一连数日,静谧独属于我,仅有的交流便是我与客户的交谈以及华为内部的视频电话会议,虽然忙碌又孤独,但却令人颇为享受。直到有一天,在办公室,我与本地兼职的文员突然撞见,两人都互相被对方吓了一跳:啊,原来还有另一个人在!

墨西哥:给本地员工的交接棒

2017 年 2 月,从冰岛回国的我,正填写出差报告单。一个回国办签证的前辈,用项目奖这个大馅饼把我"骗"到了墨西哥。

在墨西哥 A 级核心网项目群的交付与生活,漫长而难忘,但这个故事里的主角,不属于我,属于外籍同事。

因交付任务庞杂,项目组在本地新招收了大批外籍员工与顾问,每位中方人员与两三名外籍同事"结对"成组,并让外籍员工逐渐承担起各自对应领域的工作。这个方法直接有效,在彼此间友谊增长的同时,本地团队的能力也肉眼可见地进步了。

团队中有一个入职华为多年的本地员工 Marco,技能突出,逻辑清晰。最关键的是,他了解中国人和本地人的思维差异,掌握双方的沟通技巧,因此作为技术副主管担负着代表处与客户之间的沟通任务,发挥着极为重要的桥梁作用。

但一开始作为技术组长的我和他的配合并不是那么顺畅。在过往的项目中,为了展现华为的专业性,我习惯先在内部会议中统一各个方案的口径，避免给客户造成困扰；对于没有结论的问题，答复时十分谨慎，这也是被很多客户认可的方式。但在与 A 客户的会议中，Marco 的表现却出乎我的意料，他会想办法将项目组尚未确认的问题打开，追问到底，让我一度怀疑他是不是"卧底"。直到后来，在一次争执后，我忍无可忍地问道："你究竟是站在哪一边的？"

Marco 坦诚相告，和很多运营商一样，A 客户也在意厂家最终给出的方案，但不一样的是，他们更注重参与其中的过程，"They want to be involved."（"他们希望参与进来。"）

我将信将疑，后来不断观察，发现客户团队果真并不介意我们彼此在会议上的争执，甚至更喜欢参与到这些讨论中，对方案落地前的问题报以相当程度的宽容。之后我便改变了方式，甚至刻意将一些问题的讨论从内部搬到客户的会议桌上，直接听取客户的意见，这反而少走了很多弯路。最终，我们一起完成并支撑重大操作 100 余次，零事故，零投诉，并促成了一笔专业服务订单的落地。

这段经历让我又有了新的感悟——哪怕我走过再多地方，积累了再多经验，也不能犯"经验主义"的错误，应该始终保持谦逊的心态去面对客户和同事，因地制宜，才能顺势而为。

曲有终，人有散。在墨西哥的两年，随着项目的一步步达成，新订单、新需求也不断落地，而新的项目群又接踵而至，留下的中方员工包括我在内不断给本地员工开展更多的赋能培训，他们开始承担起更多的职责。有一天下班，我偶然听到一个本地员工把握好时差、正和华为研发部门直接澄清问题，虽然沟通效果似乎并不是太有效，但这也证明了本地同事们是有能力、也有态度接过接力棒的。

即将离开前，看着本地同事主持客户会议时的身影，我明白，我终于完成了代表处交给我的最后一个任务，不再需要寻找新的中方员工接替我，客户的网络已经可以交由本地同事继续交付。

带着妻子看世界，事业爱情我全都要

不同于公司的大部分岗位，工作在全球技术资源中心，我们总是在不同的团队中来来往往，当一线呐喊时，我便是呼啸而来的炮火，马不停蹄地辗转全球，履行着自己的职责。我享受着每一次旅程，也期盼着每一次未知。

四年弹指一挥间，我从一个羡慕他人给我讲故事、带我看世界的"菜鸟"，也变成了踏过大山大河、谁也看不出年龄的"老人"。天南海北的旅途见证了我激情燃烧的年月，我也在旅途的每一站见识世界的模样，在广西"嗦"过螺蛳粉，在内蒙古大快朵颐过冰煮羊肉，听安徽客户在餐桌上讲他和华为人闹过的笑话，在浙江用一沓动车票到处给客户讲新网络的宏愿……每去一个地方，便结识一群有趣的人。不给自己设限，找准定位，能上能下，是我给自己的生存格言，我从当年无所适从的"萌新"，到如今已身经百战，在项目中担任着技术总负责人，做了别人的导师。

但自豪与骄傲的背面，是半年才能见一次女友，是隔着时差连生病都只能留言安慰的遗憾。

头几年，我和女友在一起的日子屈指可数，但我们一直坚守着这份爱情。每次我从海外回国前，都会和她反复计算彼此的假期和行程，想尽办法将各自的时间凑在一起，让彼此的地点再近一点。

来华为的第三年，她成了我的妻子。作家沈从文说，我行过许多地方的桥，看过许多次数的云，喝过许多种类的酒，却只爱过一

个正当最好年龄的人。我和她亦是如此,我享受着我的工作,但也绝不放弃与她相伴。感情与陪伴不能用成本估量,她欣欣雀跃地奔赴我所到达的地方,陪伴着我,我也尽我所能陪她做任何想做的事,一起去吃她想吃的美食,去她想去的地方。

  猛然发现,妻子已与我四海为家一年有余,从她明亮的眼睛里我看不到一丝退缩。我们不知道还将旅行多久,飞往何处,但前方的新奇吸引着我,也吸引着她;我也不知道自己何时才能从"炮火"蜕变为将军,但未知的挑战如此有趣,又怎能错过?

(文字编辑:肖晓峰)

让机器"看见"

作者：张步阳

我之前并没有打算来华为。我研究的机器视觉属前沿领域，国内制造业在该领域普遍处于中低端。我生怕没有用武之地，本打算博士毕业后继续攻读博士后，多发些论文，出来当个老师。如果那天没有去听华为的招聘宣讲会，我现在应该是"张老师"，在三尺讲台前唾沫横飞，一边讲段子，一边传道授业。

但华为改变了我的看法。华为既有精益求精、精密制造、智能制造等理念和前沿研究，又有足够多的业务场景，还有跟我专业百分百吻合的岗位。听完宣讲会后，我就下定决心要到华为大干一场。还记得当时跟导师提出要到企业去时，他很支持并告诉我说，华中科技大学有一种精神叫"顶天立地"，做学问既要做最前沿的、顶天的学问，又要能接地气，把学问用到实际中去。

2016年7月，26岁的我从华中科技大学博士毕业后加入华为制造部，做机器视觉开发。

女友来电，让我灵感闪现

机器视觉说来并不陌生，比如人脸识别和车牌识别的应用已十分普遍。我做的机器视觉主要是应用在工业领域。记得刚来时领导鼓励我：如果把制造比作人体，机器视觉就是火眼金睛，智能制造离不开机器视觉。

我到部门报到后的第二天就来活儿了：移动营业厅里待售的手机，背面竟打着电信的Logo（商标）！买到手机的客户怀疑买到了"假手机"和"山寨货"。

当然，这些不是假手机或山寨货，而是华为手机在生产过程中"盖戳"出错了，这样的事件对华为手机品牌的影响很不好。虽然当时也有严格的检测流程，每生产一部手机，都需要人工目检外观。但工作强度大、易疲劳，一双肉眼难免漏检错检。因此，公司希望引入机器视觉来自动检测，防止不良品流出工厂。

由于之前并没有专职做视觉检测的同事，于是，我这个新员工就这样被赶鸭子上架了。

给设备装上"眼睛"，让机器"看见"，并非那么容易。我们找了很多设备供应商，他们起初都抱有强烈的兴趣，可听完我们的要求后都纷纷摇头。华为手机产品型号多、同一种型号材质多、同一种材质颜色多，供应商表示做不了软件算法。视觉检测设备的核心就是图像处理算法，如果没有软件，无异于雄鹰没有翅膀、老虎没有牙齿。自力更生、自主开发整套视觉检测方案，成了我唯一的选择。

我从生产线借了两个报废物料，搭建好硬件实验平台，很快就设计出一种图像比对算法：拍摄一张良品图像做模板，每次放入一部手机都与模板进行像素间的比对，比对后算法给出相似度分值，如果分值低于设定的标准则会被认为是NG（不良）。看到问题这么容易就被我解决了，我心里忍不住有点小得意，觉得设备供应商只知道吓唬人。

可是随着实验样品的增多，我发现问题并不那么简单：检测结果常常不稳定。检测同一部手机上的图案，有时 OK，有时又报 NG。我这就纳闷了，明明是同一部手机，怎么会有两种截然不同的检测结果呢？

通过分析采集到的图像，我发现是光源出了问题。就像拍婚纱照一样，图像检测也得有专业的"打光"。但手机电池盖是有一定弧度的，如果两次放置的位置稍有不同，拍出来的图像就时亮时暗。一片黑的时候还怎么检测？但办法总比困难多。我重新设计了一种亮度自适应比对算法，该算法类似人眼的瞳孔，光线亮时瞳孔缩小，光线暗时瞳孔放大，并不会因为图像变亮或变暗而影响检测结果。

光线问题刚解决，新的问题又接踵而至。我发现有几类手机的电池盖的图像质量非常差，检测结果再次变得不稳定。这类电池盖采用了磨砂工艺，任意两部手机的磨砂颗粒分布都不可能完全一样，因此待检测图像中存在大量随机噪点，就像人脸上突然长了很多麻子，机器认不出来了。真是"刚翻过了几座山，又遇到了几条河"，新的问题使方案再次陷入了困境。

晚上回到宿舍，我还一直惦记着这个问题，正当我一筹莫展时，手机响了。原来是女友找我视频聊天，告诉我送她的华为手机到了。视频中我发现她比从前漂亮了很多，痘痘也不见了。原来华为手机使用前置摄像头时自动开启美颜模式，人像变得美白清晰！这时，一个灵感突然从我脑海中闪现，为什么不能对手机电池盖图像进行"美颜"呢？第二天回到实验室，我查阅了美颜算法的相关论文，编写了一种高效的图像滤波增强算法，给图像"美颜"，把一脸"麻子"抹掉。重新实验了磨砂电池盖，图像噪点消除了，检测稳定了。

催命的"十道金牌"

经过三周的代码编写和测试,整机软件第一个版本开发完毕。我联系了终端车间三条生产线进行试用验证。"新手"上战场,难免出问题。有时软件死机,有时控制器没反应,有时相机掉线,有时报警灯乱叫,各种莫名其妙的问题,经常按下葫芦起了瓢。

有一天检测软件出了问题,我从华为东莞南方工厂 B 区坐穿梭车赶往 C 区处理,短短十五分钟的路程,现场打了十个电话,真是"十道金牌"呀。刚到现场就被工艺的、质检的、生产的同事团团围住,工段长大声吼道:"能不能搞好,搞不好叫你们经理来搞,再搞不好让你们部长来搞!"当时我真被那阵势吓到了!我询问了情况,原来是临时安排生产了一批国外手机,按照所在国的法律,手机背面印了型号、制式、环保属性等大大小小十几种图案,每一项都要检测是否正确。技术员吐槽道:"你的软件这么复杂,这么多图案要检测,让我怎么用!"原来软件界面上密密麻麻的视觉参数,非专业人士难以下手。为了快速解决问题,五分钟内我配置好了参数,生产恢复了正常。

那天我意识到,生产线就是"印钞机",停线一分钟就要损失几万元,耽误十五分钟那就损失了几十万元。这就像救火一样,能抢一分钟是一分钟,能抢一秒是一秒。但从长远考虑,必须要给出一个解决方案,容不得丝毫懈怠。回去后我优化了算法,可以自动计算大部分参数,需要手动设置的参数也给出了参考范围,简化了操作过程中对专业知识的要求。中午作业人员休息,我提前借好物料,争分夺秒地实验和收集数据,晚上修改代码,终于推出了适合技术员使用的软件。

还没等我喘口气,又一个突发事件接踵而至——"对自动化设备开发部 Logo 检测设备异常频发的红牌通报！"2017 年 3 月 16 日，早上一上班我就被这则醒目的邮件惊到了。原来是几条生产线频繁报 NG，但实际是良品。设备不是一直都运行良好吗？即便是有机械和电气故障，现场维护的兄弟也都能及时处理，怎么突然就被红牌通报了呢？

起初我认为是图像处理算法错误，后来发现即便是图像质量非常好也会误报。为了弄清原因，我在生产一线蹲点了一周时间，深入了解各种情况，经过调研分析，梳理出设备异常的主要原因。原来相对于两个月前，工厂生产的手机型号发生了较大变化。同一细分型号的来料、图案大小、字体笔画粗细及间距都存在一定差异。

图案大小和字体笔画粗细及间距的细微变形，都是符合外观标准的，并不影响客户的感知。但这种无规律的变形难以用具体的数字量化，在保证不良品百分百拦截的前提下，如果仅仅调节现有算法的参数，根本不能解决问题。既然传统方法能力有限，为什么不改变固有思维寻求新的技术呢？还好我们部门就是一个技能"百宝箱"，既有做机械、软件的，也有搞光学的，更有专攻 AI、大数据的。这相当于在一个部门就打造了一支高精尖的智能制造团队，这在其他公司是很难想象的。

带着问题我找到了吴博。吴博是海归的专家，他说可以将设备看成是调皮的小孩，有时经常犯错误，很难用具体的数字告诉小孩应该怎么做；但可以通过不同的学习榜样教育他、引导他，通过不断的学习，他就可以成为一名优秀的学生。

讨论完后，吴博发给我一篇机器学习的文献，读后我深受启发。结合工厂的作业特点和华为产品的形态，提出了学习型缺陷检测的策略。如果现场确认物料没有问题，设备误报了 NG，可将该图像标

作者正在做手机 Logo 机器视觉实验

记为良品,并追加到良品学习样本库。随着样本的积累,检测变得越来越准确,机器具备了学习能力,误报率自然大幅度下降。

就这样一点一点地优化、改进,完成了 164 项改善任务,最终将检测误报率从 10% 以上降低到 2% 以内,满足了生产线的需求,解除了红牌投诉。后来,手机 Logo 检测设备实现了全面复制和推广。现在每部手机都必须经过我的软件检测,"假手机"事件再也没有发生过。

我像个"网红",火了

新人初来乍到,别人不认识,生产线有需求也不知道能找我解决,于是我决定主动出击——我揣了一大沓名片,到生产线当起了推销员,"有视觉图像方面的需求可以找我"。一大沓名片发完后,不仅终端制造找我,其他各类产品制造部门也陆续将需求传递到我这边。

渐渐地,越来越多的人找到我,并开始口口相传:"自动化设备开发部有一个张步阳博士,做视觉的,有需求就扔给他。"突然间我像个"网红",火了,但毕竟我只有一个脑袋,两只手,每天不吃不喝不睡也处理不了这么多需求啊。在开发人员极度稀缺的情况下,除了工程技术创新,我已无路可走!"星星之火,可以燎原。"只有通过构建技术平台,充分发挥制造部技师、操作员丰富的优势,才能使机器视觉在工厂遍地开花。于是,我们花了一年的时间,做了一个视觉工具平台。有了视觉工具,每个人就有了武器,复杂多变的需求立刻陷入了人民战争的汪洋大海之中。开发、调试和运维难度大大降低,专业人员的智慧和经验得到了传承,加快了视觉项目的上线速度。

机器视觉听起来"高大上",但归结起来无非是图像采集和图像处理。视觉工具平台就是为了实现这两个过程的标准化和通用化而打造的。图像采集就是使用相机对目标进行拍照,但是相机种类繁多,有彩色的、有黑白的、有USB的、有网线的,不同相机厂家的软件协议各不相同,真可谓"七国八制"。业界普遍的做法是尽量采用同一品牌的工业相机,避免过多的适配开发,但是弊端太大,如果遇上厂家缺货,将直接影响项目交付。长此以往,相机厂家变成了"大爷",服务越来越差,价格却居高不下。根据华为制造的业务场景,我制定了一套采图协议,通过采图逻辑与相机硬件的解耦,实现了不同品牌与华为平台的直接适配,国内外相机厂家纷纷加入"张博协议"。公平的竞争机会，使相机供货价大幅度降低，甚至降到以前的一半，在为公司节省了开支的同时，进一步丰富了机器视觉在华为制造的应用场景。

在此基础上，我们对所有的视觉需求进行了梳理，并总结为定位、测量、检测及识别四大类应用场景，开发了 50 多种通用的图像处理工具。每一种工具相当于手机应用商城里的一个 APP 小程序。有了它，人人都是视觉工程师。通过下载不同功能的"APP"并进行简单组合，无须编写代码，就可快速完成视觉系统搭建，即便是生产线的操作人员也可以轻松上手。

现在我们部门每年交付 1000 到 2000 台自动化装配与检测设备，每台都搭载了视觉工具平台。这个牛我相信可以吹一辈子：松山湖华为工厂生产的每一个产品都是由我的视觉工具引导装配完成的！

手不"抖"，眼不"花"，脑子清楚了

华为产品越来越精细，标准越来越严格，对制造技术提出了更高的要求。2019 年，我们遇到了一件相当棘手的事。那是一个芯片封装项目，我们给机械臂加上"眼睛"，让机械臂能抓起一个微小的传感器，并放置到另一个器件上，误差要求是 20 微米以内。不仅如此，每次都要求放在中间位置，不能这次是 1 微米误差，下一次是 19 微米误差。虽然 1 微米和 19 微米误差都不会对产品有影响，但华为制造就是要求这么严苛，要最大程度确保产品生产的稳定性。这种微米级别的精度要求，我们此前从未碰到，参数优化等手段全部无效。搞了两个月，怎么改进都达不到指标，最后产品线甚至连物料也不再给我们提供了。

作者与芯片精密组装设备合影

团队里有的成员也打了退堂鼓,认为根本做不出来。但在我眼里,这又不是遇上了摩尔定律极限,只是个工程问题,怎么会做不出来呢?我打算挑战不可能,将信将疑的同事也被我拉着继续干下去。这个问题的难度在于,我们压根儿找不到原因。"眼睛"明明看得挺清楚的,怎么就会出现偏差呢?

我们一步步剖析,发现不能只盯着图像视觉这一点,得系统分析。这就像人一样,眼神虽然好,但手哆嗦也不行啊。我们认为机械臂在运动控制上有问题,放置东西时会"哆嗦"。我们找了自动化机械设计的专家,对机械臂的抖动做了抑制,不再"哆嗦"。光学上也做了优化,此前的光学设计不合理,它要求的是 5.0 的眼睛,结果我们是一个近视眼。在此基础上，我们综合运动控制、光学上的误差，做了算法上的适配。

最终手不"抖"了，眼不"花"了，脑子清楚了，结果变得很稳定。

做"顶天立地"的学问

我认为毕业前导师讲的做"顶天立地"的学问，正是公司"向下扎到根，向上捅破天"精神的体现。深入制造业务痛点，向下扎到根；技术创新，解决生产问题，向上捅破天。华为制造的广阔天地，真刀真枪的氛围，是我突破极限的不懈动力。

未来，挑战与机遇并存。现在国内做工业机器视觉的公司，很多是基于 A 国的一个算法库来开发的。这个算法库类似于手机的安卓系统。2019 年，我们也开始从底层算法库独自研发，打造工业机器视觉的"鸿蒙"。唯有放弃幻想，力争上游，才能为公司创造价值，同时成就自我价值。

"想飞上天，和太阳肩并肩，世界等着我去改变。想做的梦从不怕别人看见，在这里我都能实现。"三四年过去了，我庆幸当初的选择。学有所用，华为使我成了一个顶天立地的人。

（文字编辑：刘军）

菜鸟买手升级记

作者：张烨苗

"什么，华为还要买井盖？你以为我不知道华为是做什么的吗？你是骗子吧！"

"我这边真的是华为！我……"话还没有说完，耳边已经传来了"嘟嘟"声。

这已经是我上午第三通被挂断的电话。

既无奈，又想笑，放下电话，我继续准备拨打下一个井盖供应商的电话。

我才不是骗子，我是华为公司采购体系中的一名员工，来自采购认证管理部。通俗点说，我就是负责给华为"买买买"的采购员，虽然入职还不到一年，只是一个萌新级的"买手"，但是伴随着一次次风雨历练，我这个小菜鸟，正跃跃欲试，渴望展翅高飞……

青铜出击，我被青春绊到了

采购认证管理部，是体现华为公司核心竞争力的部门之一，以高质量、合理成本、快速交付和连续性供应支撑各个产品线是部门的业务。我是采购专家团（Commodity Expert Group，简称CEG）的一名采购工程师，职责是确保供应安全和连续性，重点在于提前布局关键资源，做好供应商管理，做到人无我有、人有我优。

可能有人会觉得采购是"花钱"的岗位，有什么难度，不就是"买买买"就可以了吗？其实这里面的学问非常大——如何充分了解公司内部各部门的需求，在确保质量、保证成本的同时能做到快速供应？在特殊时期，怎么维持供应连续性？如何管理供应商，协同以维护产业链的健康度？方方面面都要考虑周全，这是一个对产品流、信息流和资金流进行综合管理的岗位。

我们需要测算采购成本，寻找供应商布局资源，协同产品线确定型号，还要关注售后维保服务；对供应商的资质和能力，我们还要实地考察，对财务状况、公司规模、风险回避都要做到心中有数……华为公司产品线众多，需求也千差万别，我负责采购的物料大到配套华为云WeLink的交互式电子白板，小到基站机柜里面防止锂电池被盗的蜂鸣器，品类杂多，采购金额也从几万元到几千万元不等。

就比如前面提到的井盖，也是我们负责采购的物料之一。华为在非洲实施固网项目的工程，放置接线盒的人井需要防盗球墨铸铁井盖。非洲部分国家工业基础落后，如几内亚、喀麦隆、贝宁、塞内加尔等国家，没有符合要求的井盖供应商资源，另外通过TCO（Total Cost of Ownership，总体拥有成本）分析，发现从中国采购是最优的方案。因此我就接到了这个采购需求，没想到在联系供应商时，刚自报家门，就被供应商当作骗子，他们觉得华为是搞通信的，怎么会要那种又黑又笨重的铸铁井盖？当时我心里真是又委屈又好笑——我们华为真的需要井盖啊！人和人之间还能不能有点基本的信任了？

听上去，似乎我的工作还蛮有意思的，但是刚接手工作的时候，我可太难了。虽然以硕士应届生身份进入华为，但是一张"娃娃脸"外加刚从象牙塔出来的青涩气场，来部门报到的时候，大家都吃惊：怎么来了个这么年轻的小姑娘！后来我才知道，采购工程师需要极其丰富的经验知识和对行业信息敏锐的洞察，这个岗位极具挑战，内控方面要求更是严格。因此公司对人才的选拔慎之又慎，此前部门招聘的应届毕业生也是屈指可数。

在部门里，大家对我"呵护备至"，我有什么不懂的，大家都乐意给我解答，但是走出去，和供应商接触的时候，我的"娃娃脸"就成"劣势"了。供应商觉得我年纪小，没经验，可劲"忽悠"我。还记得导师领着我第一次见供应商的时候，我穿着让我浑身都不太自在的正装，拘谨地站着，对方是一男一女两个销售经理，一看到我就是一顿猛夸："哎呀，这么水灵灵的小姑娘，一看就是刚毕业的！"我当时被夸得脸上火辣辣的，晕头转向，连自己来干什么都快要忘记了。其实那天我们是要谈判的，但是我被这么一顿"攻击"之后，明显乱了阵脚，连话都不会说了，后来还是站在我身后的导师推了我一下，我才回过神来。

还有一次，有家供应商给华为的产品价格比它给其他渠道的价格要高，我们邀请供应商过来"聊一下"，供应商高管和我"推心置腹"地大吐苦水有半个多小时，我硬是一句话都没有说上来，最终产品采购价格没有降下来一分钱，那是一次很失败的商务谈判。回去后，产品线的同事很失望，我也万分羞愧，而供应商给我上的这一课，让我得到了刻骨铭心的教训，让我深刻意识到自己的不足，意识到必须努力提高业务水平，掌握行业发展动向，练习谈判技能，

年会部门合影（前排左四为作者）

还要和周边部门的同事充分协同，做好"铁三角"的关系，才能真正发挥出自己的作用，为产品的可持续供应保驾护航。

在跌倒中起飞的我，就如同游戏里的新玩家一样，以青铜身份出击，开始了我的采购征程。

黄金法则，笨鸟先飞

我身边的同事们，有的是有着多年采购经验的专家，有的是从业务部门过来、对产品线的业务知识了解甚多的优秀员工，而我，一个从零开始的新人，骤然要理解这么多"专业名词"的内涵，承担起采购流程责任人的角色，管理好采购项目小组，还要为了推动项目给职级甩我几条大街远的"铁三角"和产品线大佬们分配任务，压力有多大，可想而知。

刚开始，我对业务流程不熟悉，或者是说对自己职责重视程度还不够，还被一线同事投诉过。当时北非的一个项目需要一批物料，流程走到我这里时，我没有第一时间处理，结果北非的同事直接发了一封投诉邮件给我的主管。我看了邮件才知道，原来那批物料需求非常急，又要通过海运运输，而且货轮班次间隔时间很长，如果不能及时发出来，可能会影响整个项目的交付，所以北非的同事真是要急疯了，对我"不紧不慢"的处理自然心生不满。

我的主管把我叫到会议室，语重心长地辅导我，让我明白自己岗位职责的重要性。"巧妇难为无米之炊"，我们的物料对于一线来说，是生命线一样的存在。从此以后，我的这根弦就绷得更紧了，每天战战兢兢，害怕自己成为大家前进路上的"小石子"。

于是，我决定"笨鸟先飞"，不会就学，不懂就问。作为采购领域的菜鸟，我得自己先"扑棱"起来！我的优势很快得到发挥——刚出校园不久，学习能力和劲头依旧强劲！我发现，华为公司真的是一个伟大的公司：公司内部有着完善的架构和流程，比如供应商的选择、认证的流程和标准都已经固化下来了，对突发事件和异常情况的处理也有丰富的经验积累，有章可循；采购岗位所需的技能要求，如财务报表知识、税务知识、汇率波动分析等，也有网课平台可以去学习；公司还有丰富的案例库，无数经典的案例等着我去探索和学习。

就如自己以前在学校里整天泡在实验室做实验、写论文一样，我每天都在公司的各种案例库里徜徉，看看大牛们是怎么做的，跟随他们的思路去想问题、处理问题。就这样一路摸索着、学习着，我发现我的工作是一个"有章可循"的过程，掌握到门路，沿着章法走，许多问题就迎刃而解了。

同时，我还参加了各种专业技能的培训。如果说，自己看公司文件、案例库是主动学习，参加这样的赋能培训就是被动学习了，主动、被动双管齐下，我的技能得到了明显又快速的提升。

流程了解了，业务熟悉了，自己说话也开始有了底气。开会讨论时，我也经常站出来发表一些自己的看法；大家就某一个问题产生争议时，我也可以有理有据地为自己的观点辩论。于是，我渐渐从以前开会时那个默默不语的"吃瓜群众"，变成了大家愿意"问计"的对象。时常是会议开着开着，我就听到大家习惯性地问："烨苗，你怎么看？"

就这样一点一滴，我从那个需要被照顾的"新人小妹妹"变成了"讲得还挺对"的同事，我在大家心中的公信力逐渐建立起来，工作推进也更加顺利了。这样的变化，让我心里很欣慰。

铂金般的经验：在战"疫"中成长

2019 年，因为被美国列入实体清单，整个公司迎来了困难和挑战，我们采购工作难度也大大升级。而我是在 2019 年 5 月 16 日以后入职的，记得当时看到办公室墙上粘贴着"伊尔-2"烂飞机海报，还有"极端困难的外部条件，会把我们逼向世界第一"，"宝剑锋从磨砺出，梅花香自苦寒来"等一系列的标语，刚出校园的我，内心有点忐忑，悄悄问周围同事，我们现在应该怎么办？哥哥姐姐们告诉我，一丝不苟地做好本职工作，就是对公司最大的帮助，就是英雄行为。这句话，我记在了心里。

2020年春节前后，新冠肺炎疫情暴发，全国不少地方都开始修建如火神山、雷神山这样的专门医院，深圳的"小汤山"医院也是其中之一，它就用上了华为视讯的解决方案，而我也有幸参与其中，主要负责"远程医疗问诊推车"的采购。

远程医疗问诊推车，是华为面向医疗行业设计的、用来协助医护人员进行远程医疗服务的一体化ICT专业设备：由小推车搭载一体化高清会诊视频终端和医疗图像采集器，支持移动查房、床边会诊、远程监护/探视等多种业务场景，并且内置会诊工作站，随时可查询和录入医疗信息，支持无线、有线多种网络连接方式。

针对此次疫情，全国各个代表处出现紧急需求，包括深圳、青海和重庆等地。前期这个产品的推广量极小，所以我们的供应资源并不多。现在线上问诊需求量在疫情期间猛增，我立刻与已经在资源池的供应商对接协调，同时发掘新的供应商。

春节期间，加上疫情影响，很多工厂都没有复工，产能也很低，我一边调查供应商的情况，一边搜集当地的复工政策、跟踪供应商复工率和产能，对供应商提出的困难，例如劳动力不足、资金周转困难和疫情防控物资不足等问题进行应对，全力协助解决。在忙碌的工作中，我渐渐理解之前采购前辈们说的话：一丝不苟地做好本职工作，就是对公司最大的帮助。

在来华为之前，我曾经迷茫了很久，不知道自己未来应该从事什么职业。好在毕业前，我找到了方向。记得那是一个周末，我去师姐宿舍吃火锅，当时她已签约华为，在她的书架上，我看到了一本华为系列故事书《枪林弹雨中成长》，在书里我看到了华为公司的年轻人，他们走出舒适圈，来到海外条件艰苦的国家，爬上25层楼那么高的铁塔，在上面布置通信器材。我看到这一段时，内心既钦佩又激动，我觉得这才是青春，这才是人生：凭借自己的能力，给世界人民带来改变！我很羡慕这群华为人，也很想体验这样的人生，就这样我来到华为。

进入华为，参加大队培训时，我曾经读过任总的《致新员工书》，里面有一句话我印象尤深："在华为，您给公司添上一块砖，公司给您提供走向成功的阶梯。"如今，我切身领悟到了这句话的含义：只要创造了价值，华为就会给你更大的空间，让你发挥出更大的价值。

虽然我现在还是萌新菜鸟，出差到过最远的地方是哈尔滨，但是在华为这个大舞台上，我相信终有一天，自己可以鹰击长空，展翅高飞。

（文字编辑：霍瑶）

5G 上矿山

作者：陈丹华　张丹

意料之外的征途

2019年2月中旬，很多人还沉浸在阖家团圆的春节氛围中，何昊已经和交付的同事们一起，颠簸在白雪皑皑的盘山公路上。

开车的是华为河南代表处的老司机，但此刻他却不像往常那么轻松惬意。刚放晴的冬晨，和煦的阳光缓缓融着积雪，地面有些湿滑，一侧临山，一侧是深不见底的悬崖峭壁，所以时速尽量要控制在20公里以下，遇到不少陡坡，偶尔还得加一加油门。

车内大家都很安静。在晃动的视野中，何昊侧头看着蜿蜒而上的山路。他2012年进入华为，已经在河北、河南两地当了近六年的产品经理，有无数次外出看站点的经历，但这次却格外不同——这是他第一次跋山涉水，去一个他之前从未想过会和自己工作产生交集的地方——洛阳钼业集团下面的栾川三道庄矿区。

在何昊的印象中，"矿山"这个词通常只会在新闻中出现，往往还和"矿难"联系在一起。原始、苍凉、荒芜、悲壮，是他能想到用来形容矿区的词，而当前最先进的技术——5G，能和这样一个地方产生什么关联？他确实很难想象。

和何昊有着同样疑惑的，还有三道庄矿区赫赫有名的王朝磊。他虽然年纪轻轻还不到 30 岁，却已经子承父业，开了八年的挖掘机，被同事戏称为"蓝翔技校里能考第一的牛人"，算得上矿区里堪称"扛把子"的人物。

何昊在矿区四处勘查时，王朝磊正蹲在挖掘机旁边吃药。十个机手九个胃不好，这算是业内大家心照不宣的职业病。因为挖掘机开起来抖动得非常厉害，王朝磊每天在驾驶室里都被颠得欲吐无泪。这样长时间超负荷的工作，让王朝磊患上了严重的胃下垂，每隔几十分钟就需要喝点热水，不然根本撑不住。

但如此严重的胃病在王朝磊看来都不是"大事"，对他而言，真正的"大事"是那些会在瞬间夺去人命的垮塌。

栾川三道庄矿区是一个有着较长开采历史的矿区，由于之前的无序开采，导致矿区地底下形成了许多巨大且不规则的"空洞"。人在矿上干活，根本无法知道脚下的大地何时会突然塌下去，将人和设备都一口吞噬。

滑坡滚石在开采过程中也是家常便饭，大大小小的石块成堆滚下来，连巨大的矿山车都能被砸坏、掩埋。这种事故王朝磊就遇到过，有一次做排险工作时突发滑坡滚石，眼睁睁看着一块大石头飞速朝他冲过来，根本来不及闪避，还好那块石头在即将砸到挖掘机时忽然滚到了侧面，不然后果真是不堪设想。那次事故以后，王朝磊常常都会做噩梦梦到被滚石砸到，醒来后出一身冷汗。

王朝磊默默看着何昊等一行人在矿区里来回勘探，从作业面到碎石区，一遍一遍来回走、来回看，研究在哪里设站点、装设备。

矿区里的雪还没融化，一辆辆无人驾驶的矿车正在忙忙碌碌地

无人驾驶的矿车

来回运送矿石。何昊他们似乎觉得很新奇,偶尔会停下来兴致勃勃地看一会儿。

金色的希望

何昊的确没见过这样的矿车——这些运送矿石的车辆不只是无人驾驶,还是倒着开的。矿车在采矿区装上货之后,就一路倒着开回碎石区卸货,这样不用掉头,很节省时间。但再怎么节省时间,也依然改变不了低效的事实——这里所有矿车的速度都不会超过10

公里/小时。

"我们现在就盼着和你们合作后，速度能提升一大截了。"站在何昊旁边的一位工程师说。这位工程师所在的河南跃薪智能机械公司（以下简称"跃薪"公司），正是这些自动驾驶矿车的生产商，也是这次项目华为的合作方。

跃薪公司在 2017 年初就研发出挖掘机、钻机等工程机械的近场遥控设备，并在三道庄矿区实施了局部无人作业。他们当时也尝试进行远程控制。但由于 4G 的带宽较小、时延较长，远程控制效果很差，所以难以商用。2018 年 6 月，跃薪公司又研发出自动驾驶的矿车，但受限于 4G 网络的性能，车辆只能控制在 10 公里/小时以内行驶。

2018 年下半年，跃薪公司找到了华为，想和华为合作，进行远程控制系统和自动驾驶矿车的 5G 改造，以提高无人采矿作业的精准度、稳定性和工作效率。

跃薪公司的工程师指了指不远处那台挖掘机，对何昊感慨道："你看，那台挖掘机，现在还得让工人在现场开，会面临各种危险。但要想真正实现远程操作，4G 网络的性能肯定是不行的，所以，必须得上 5G。"

何昊转过头，看到对方眼中满是期盼的目光。自从他担任无线产品经理以来，他做了很多个项目，亲眼见证了通信技术的应用给人们生活带来的改变。而 5G 的发展，更是给这个世界带来了颠覆性的变化。

如果说 2G 萌生数据、3G 催生数据、4G 发展数据，那么 5G 就是跨时代的技术。5G 的速度是 4G 的 100 倍，它的高带宽、低时延的特点，开启了真正的物联网时代，并扩展到各个行业，催生各行业的不断创新，让虚拟变成现实，让人工智能有了更广阔的用武之

工作人员正在调试远程控制系统

地,让诸如自动驾驶、远程医疗之类应用的实现不再遥不可及……

如果真能用 5G 技术实现"无人矿山",将会给这个行业带来巨大的改变,无数矿山工人不用再面对粉尘的危害和随时有可能塌陷的危险,而是可以坐在干净又安全的室内,遥控指挥机器作业。无数个矿山企业将能具有更高的开采效率和更低的开采成本。

5G 必须上矿山,何昊用力握了握拳。在他心里,这不再只是一个简单的项目,而是可以给这个世界带来革命性改变的梦想,也是他要脚踏实地,努力去实现的未来。

"没有"不等于"不行"

何昊和代表处、机关的同事们反复讨论,又和跃薪公司的工程师们多次沟通后,终于在一个月内做出了详细的设计方案,然后再次去了矿区。

矿区没有住的地方,何昊和同事们就住在山下县城的招待所里,租车每天开车上山,夜深时才下山。

为了尽量不耽误生产,30多辆自动驾驶矿车要一批批改造。好在这些矿车之前就配置了4G网络,改装成5G网络还比较顺利。但挖掘机的改装就不一样了,何昊他们连上了设备之后,却发现车辆信号怎么都接不通。到底是哪里出了问题,是车辆的控制信号有问题,还是对接有问题,还是5G终端和基站有问题?

由于华为之前没有针对无人矿山领域的5G模组,所以这次项目使用的是华为针对民用市场开发的模组,要实现应用匹配,就需要经过多次的协议转换。这就好比无人矿山领域的5G模组是一个讲日语不懂汉语的人,现有5G模组是一个讲汉语但不懂日语的人,要让他俩能沟通,还需要一个既懂日语又懂汉语的翻译,才能提高传输效率。

何昊是无线产品经理出身,但这些问题不只是涉及无线领域,还涉及固网领域的IP和数通参数调试。好在何昊大学时学过相关的专业知识,于是他和跃薪的工程师们一起分析,用几十组参数一一调试。为了排除控制系统的问题,他们把500多公斤的远程控制座椅从办公楼拉到皮卡车上,再运到作业区,就放在挖掘机附近,用网线直接连起来进行测试。

当时，挖掘机的驾驶员王朝磊就站在旁边，看着一群斯文白净的工程师们身上带土、脸上沾尘地蹲在那里鼓捣个不停。

"这次真能行吗？"王朝磊有些担心。"远程控制"这词儿他并不是第一次听说，两年前跃薪公司就想搞远程控制，但折腾了半天最后都失败了。当时他也试过所谓的"远程操作"，结果要么因为图像传送滞后导致无法正确判断风险，要么因为操作延时导致采取的动作"为时已晚"。挖掘机要开好哪是件容易事，他每次开都要聚精会神，眼观六路，稍不留神就会车毁人亡，想遥控指挥这么一个庞然大物，那是异想天开。

的确不容易。何昊他们好不容易解决了信号连通的问题，又遇到了一个麻烦——远程操作的"可视"问题。

远程操作无人驾驶的挖掘机在挖矿

要想实现效果良好的远程控制，必须在挖掘机上装各种摄像头，尤其是驾驶舱上方，需要装一个 3D 裸眼双目摄像头。光有摄像头不行，还需要安装单独的显示器，把摄像头的视频处理板和显示器对接起来。

这样的产品别说华为没有，就是业界也没有。但"没有"不等于"不行"，业界没有配套的，那我们就分别采购，再自己连通。上海研究所的工程师蒋品接下了这个任务，从选型到测试，再到连通，无数个日夜，他在灯火通明的实验室里，仔细琢磨，反复调测，终于让王朝磊这样的司机坐在室内也可以"眼观六路"了。

我们的征途是星辰大海

对于洛阳钼矿来说，真正的远程控制并不仅仅局限在矿区内，他们希望能实现跨城市甚至跨国的远程控制。因为洛阳钼矿集团不只在全国其他省市有多个矿区，甚至还有海外矿区。如果能实现跨国的远程控制，一方面能大幅降低用工成本，另一方面还可以规避工人在境外可能会遇到的疾病和矿难等风险。

于是，何昊等人又将 500 多公斤的控制座椅搬到了郑州跃薪公司，进行跨城市的远程操作测试。何昊在洛阳矿上负责方案和交换，郑州的同事配合他进行远程调试。这时又出现了新问题——一个挖掘机上有 4 路信号，包括全景摄像头、3D 裸眼双目摄像头、挖掘机手臂摄像头、控制系统。如果每路信号都配一个 5G 的终端设备，就需要 4 台终端设备，工作时每台终端设备都要随时在线互通。这样不仅成本高，效率还低。

何昊在找数通的同事请教、多方验证之后，找到了优化办法——

用端口的方式，将端口和末端摄像头或者控制系统对接，实现一台终端设备可以接收多个信号。

通过一步一步的努力，何昊和他的伙伴们终于实现了 5G 技术在"无人矿区"的应用。

王朝磊坐在宽敞明亮的操控中心里，看着驾驶座前的三块屏幕。它们从左到右分别显示着挖掘机机械臂移动的近景、驾驶员视角的中景和挖掘机以及周围环境的全景画面。这些画面可以让王朝磊实时看到矿区现场的情况，并确保没有视线死角，比之前实车操作还容易。

坐在驾驶位上，王朝磊推动操纵杆，屏幕里的挖掘机立刻按照他的指令动起来，没有时延，非常流畅，让他觉得自己好像真坐在一台挖掘机里在矿山现场挖矿一样，只是耳边没有隆隆的设备轰鸣声，更不用担心石块滚落或者作业地面坍塌的危险。

而那些自动驾驶的矿车也跑得更快了，时速从原来的 10 公里 / 小时提升到了 30 公里 / 小时，全天候在矿山中欢快地穿行。

"真的要谢谢你们。我们矿上现在效益好了，我的待遇好了不说，工作也舒服了很多，老婆再也不用担心了！"

2019 年 6 月的上海展览会上，王朝磊第一次对何昊敞开了心扉。虽然之前两人相见过无数次，但每次都是一个人调测设备，一个人配合调试，并没有太多的沟通机会。

这次他们把设备拉到了展览会的现场，在众多参观者面前，演示如何远程操作千里之外的挖掘机进行工作。期间王朝磊给何昊讲了很多矿上的事情，还有他自己的改变、他家庭的改变。他说他现在的身体好多了，晚上再也不会做噩梦了；老婆再也不担心他挖矿会遇到危险，反而开玩笑地说："你现在每天坐在空调房里，可别吹出空调病啊!"女儿脸上的笑容也多了起来,再也不用胆战心惊地等爸爸下班了。每天晚上他回到家,一家三口其乐融融地一起吃饭聊天,让他觉得这样的日子真是过得特别舒坦,有奔头。

何昊听着王朝磊絮叨又温暖的话语,看着他脸上真切的笑容,想起当初自己第一次上矿山时立下的誓言——5G 上矿山,给无数矿工的生活带来改变,给无数个矿山企业带来改变!如今,誓言逐渐兑现,他的心底充满了喜悦和成就感。

展览会不过短短几天,何昊却接了一大把名片,和无数不同行业的人有了许多碰撞和交流。他的眼界豁然开朗,看到了 5G 应用那一片浩瀚无垠的天空。华为有着当前最先进的 5G 技术,可以让海量万物以超高速率连接起来,人和物的沟通壁垒被打破,地球在 5G 的技术下变得扁平,整个世界即将发生翻天覆地的变化……

代码照出你的美

作者：吴亚伟

算起来，在 26 年的短暂人生中，我与电脑结缘 14 年，编程的"工龄"也快 10 年了。

2005 年的一个夜晚，还是初中生的我，看到老爸买回了一台价值不菲的电脑，显示屏上的 Windows 大草原，点一点鼠标就能跳出不同的页面，那时我第一次知道电脑原来是这个样子的。少年的好奇心一下子被拨动，从此我开始和老爸斗智斗勇，来获得更多和电脑的"约会"时间。

那时的我没想到，这场"约会"持续的时间竟如此之长，以致我会从事与编码相关的职业，并把这份职业当成我一辈子的事业。

没办法，就是喜欢！

步入高中，我已经不满足于通过电脑玩游戏、查资料了。在互联网世界里徜徉，我好奇的是，为什么一台电脑一根网线就能连接世界？有一次偶然学习到通过 U 盘 Boot 文件自启动批处理的方法，我破解了某个网管的软件！懵懵懂懂间开启了编程之路，我甚至因此成了某个论坛的版主。"太神奇了！"我发现计算机世界里原来藏着这么多奥妙，于是高考填报志愿时毫不犹豫地只选了一个专业：计算机。

上大学时，赶上安卓操作系统兴起，我也随之开启了探索之路。作为一个业余开发者，我鼓捣开发了一款应用软件，成功安装到了自己的安卓手机里；独立开发了一个游戏辅助工具，还吸引了小广告商找我做广告，我第一次享受到移动互联网带来的红利，还被院系的老师推荐参加了有关安卓的创新项目……

我如同一条自由自在的鱼在编码的"海洋"里撒欢。2015年，大学毕业的我没有选择深造，而是等到了华为递来的橄榄枝，我迫不及待地加入了正在智能手机领域开疆辟土的华为终端，期待在华为继续做自己喜欢的事，在技术领域探索更多的美妙。

萌新想成为最懂相机应用的那个人

入职软件基础 ROM 部两周后，项目负责人安排我去做预研工作，我成为预研团队里唯一的新员工。他鼓励我："往上跳一跳，能'够'到，就大胆上！"

那时候，团队正在做下一代相机预研项目。新的相机应用要切换新的接口，并最终落地到旗舰机的双摄产品中。这涉及 40 万行代码量和数百个功能的重新开发，而预研要做的是搭起相机应用的基础插件化框架，将内部各个功能解耦成多个相互独立的插件，类似搭积木，彼此能自由组合，供后续业务的快速拓展。

这对萌新的我来说，无疑是一个挑战。当时插件化在业内还没有太成熟的方案，终端内部也没有做过。但越难我就越兴奋，职场起步就能接触和学习比较新的技术，还有什么比这更美妙的事呢？

别看我说得轻松，其实当时还挺难的。我在学生时代学习计算机偏技术原理，原来做开发用的是"野路子"，写几千行的代码做小项目还凑合，而现在参与的是需要整个团队维护、数十万代码量级的大工程。"野路子"一下子暴露出短板，写出来的代码不忍直视，小毛病层出不穷，比如只考虑功能的实现，从未考虑代码要分层分模块，也没考虑代码的可读性。

这让我有些挫败感，也让我不得不逼着自己从零开始理解代码，理解相机应用的架构。

幸运的是，我抓住了架构设计师陈国栋伸出的"援手"。国栋哥在华为已十年，是相机的模块设计师，在相机领域造诣颇深。他给我推荐 Java 书籍，讲解新框架的设计思想，再手把手教我设计接口草稿。他会从全局考虑设计是否合理，是否适合后续业务演进，接口设计是否稳定，后续会不会频繁修改。他还有一个习惯，和别人沟通时，一边沟通一边写下设计好的接口代码，等沟通完，设计草稿已经出来了。"除了完成任务，更重要的是要如何高效完成。"他常常对我这样说。

职场新人喝着前辈的这杯"咖啡"，如饥似渴地吸收着宇宙的能量。从他身上，我学到了好代码要讲究可读性、可拓展性、可维护性，知道了代码的设计原则是为了更快更好地交付业务，学会了怎么写代码，了解了相机业务是什么，什么是插件化的技术和解耦……就这样一边工作一边学习，不知不觉间，提前熟悉了相机应用新的架构，也为后面独立承担基础模块开发打下了基础。

毫不谦虚地说，我自此建立了一种莫名的自信——在熟悉的领域，不管多难都能搞定的自信。也正是这种自信，不管后来遇到什么难题,项目负责人的那句话总会在我耳边响起,万一"够"到了呢?

落地双摄,我"够"到了

完成了新相机基础插件化框架预研的三个月后,旗舰机就要发布上市了。为赶上进度,预研组十余人展开了与时间赛跑的封闭式开发。

"亚伟,你最熟悉基础框架,基础流程管理由你来做吧。"基础流程管理涉及相机启动模块、算法交互模块、插件管理模块、基础拍摄流程等,是人像、夜景、大光圈等各个模式的实现基础,但也最容易出现问题,主管将它交给了新员工的我。有时候信任也是信心的强心针,我毫不犹豫应承下来。

那时候,我每天都要面对任务板上几十个密密麻麻的问题单和需求,有的能复现,有的是小概率偶现,还有一些是历史遗留问题,问题的繁杂常常让我措手不及。

好在"敲代码"这件事,我一直乐在其中。我在代码的海洋里奋力探索,从团队空间到公司论坛,再到外部开源社区、搜索引擎,想尽办法不断汲取知识,找到解题思路,把一个个问题作为练手的工具,每晚奋战到深夜仍然乐此不疲。

当时相机的启动涉及二代接口和第三方应用,能参考的资料非常少,我查阅了各种文档、手册和网上的问答,几乎搜遍全网,终于在公司安卓源码里找到了参考工程,有全量几十万行的代码。我再从中搜索与实现功能有关的代码,仔细分析研读,最终找到了解题的钥匙,独立解决问题游刃有余,问题单的闭环速度也越来越快,从一开始一天一两个到后来平均五六个,甚至在组内有了"解单高手"的称号,工作中算是站稳了脚跟。

忙碌的日子总是过得飞快，搭载了全组人心血的全新相机应用火热出炉，我们成功按期交付版本，落地于 P9 系列双摄产品中。

现在回想起来，当时的艰难困苦都烟消云散了，只留下满满的收获与感激。每当遇到艰难的时刻，我就会想起这段经历，对自己说：不怕跳一跳，就怕不敢跳；每一次起跳，都是向下一次发起冲击。看，我"够"到了！

十来天，我让相机启动性能达到业界第一

2018 年，离 EMUI9.0 版本商用只有十几天时间，我们突然接到一个新的优化诉求——德国权威媒体 Connect 老化性能评测：相机启动性能要从 1.2 秒优化至 0.6 秒。

这个突如其来的要求把我搞懵了，我非常排斥，心想，这怎么可能？往常这种需求要投入两三人用一个月的时间实现，是不是流程出了问题？一般一个指标提升 10% 已经是非常大的变化了，这次要提升 50%。幅度这么大，合理吗？业界其他竞品当时最快就是零点六几秒，我们在十几天内能做到超越吗？

尽管带着诸多疑问，我还是一边和测试部确认需求，一边着手分析历史代码。三天时间，通过排查发现，原来是历史代码随意增加功能捣的鬼。我开始对代码大胆"开刀"，对"坏味道"的历史代码逐一优化，并且调整相机全局资源，加载流程的优先级，想尽办法减少每 1 毫秒的开销，一下子优化到了 0.9 秒，但是离最终目标还有不小的差距。

有优化的空间！这个发现让我很是惊喜，那就再试试吧。之后，考虑多个线程相互等待的问题，我把一些线程的串行改为并行，把

相机应用的首界面不会出现的模式晚一点加载，相机启动性能又优化了 0.2 秒。

还有什么办法吗？我感觉自己已经绞尽脑汁，可离要求还有 0.1 秒的差距！

想来想去，只能采用比较极端的办法了。相机启动涉及几十个类、几百个变量的初始化，我细细去抠每个变量的初始化时间消耗。有些不需要在相机启动时出现在界面的变量，要么挪到后面，要么放到比较靠后的时间段执行，这样一个一个细抠，终于达到 0.6 秒。成功了！

最终，我们的相机启动性能在 Connect 老化性能海外评测中达业界第一。

这时的我对代码的理解又深了一层。随意添加功能导致性能恶化，这些就是我们开发人员自己挖的坑，而优化指标不过是开发人员必要的自我填坑罢了。有的人会及时填坑，目的是解决短期矛盾；而更优者则是前期"不留坑"，和坏代码说"NO"，目的是解决长远问题。

2019 年，做相机 1+N 组件化方案时，在完成需求规定特性的基础上，我依然思考着如何避免以前的问题重犯。组件化后会带来加载的高负载，我想了一个办法，按需延迟加载各个拍摄模式组件，减少初始内存消耗 20M，整体内存占用下降 10%，高负载下性能优化 15% 以上。

有人说，你走过的路每一步都在算数。在我看来，每改一次坏代码，积累的好代码就会叠加；每一次写代码"不留坑"，持续用好代码要求自己，就是在构建好代码的万里长城。

主动重构，效率提升 60%

相机作为新手机发布会卖点的"常客"，界面设计一直以来受到用户的广泛关注。

我来公司的这几年，相机界面从 4.1 版本升级到 10.0 版本，存在多次大的用户界面调整。记得 2017 年，我和同事 10 余人日夜奋战三个月，修改了 10 万行代码，成功交付新版相机界面。但改完之后复盘，我们发现，人力投入还是比较大，一个想法在我心里不断冒出：能不能让相机应用界面的调整变得更简单？能不能做到在不影响功能逻辑的前提下调整界面？

当时相机应用的界面和功能耦合，界面就是用户看到的图标、按钮，功能是用户点击了图标或按钮后的响应。调整界面就会影响到功能，修改起来复杂，容易引发问题。

痛定思痛，我决定选择重构，这也是减少以后界面调整工作量的必由之路。我的这一想法也得到了团队的支持。

然而，万事开头难，新接口不仅要解决历史痛点，又必须适配相机所有的功能特性，这意味着很多需求都要推倒重来。而推倒重来的前提，是对原来的功能业务代码了解透彻，并有很好的重构思维。

比如，相机的美肤功能，一代简单美肤，二代加了虚化效果，后来又加了光滑、美白、瘦脸等美肤能力。每一个功能对应不同的历史产品，由不同的人开发的不同版本，规格不一，重构后的代码必须能保证以往的功能规格都能使用，且不会被遗漏。为了了解原来的代码，我找到当时做这些功能需求的人，一个一个去交流，但有些功能已经实现很久了，开发的人也不一定记得自己写过的代码，我也只能靠一行一行读代码，自己去理解掌握。

说实话，这期间我曾经有过放弃的念头。团队并没有给我定重构的目标，能实现多少是自己拟定的。我曾考虑放弃比较复杂的模块，但一想到下一次交付还会产生问题，还不如一次就把事情搞定，只得硬着头皮咬牙坚持下来。

幸运的是，重构之后，界面服务化管理模块成功上库，界面和功能在 EMUI9.0 版本中解耦成功，开发变得更简单、更稳定。紧接着在 2019 年最新的 EMUI10.0 相机界面中，我基于重构的代码，用了两个月时间便快速完成界面替换，效率提升 60%。

这让我把余下的精力放到与界面设计师一起持续打磨极致体验上。原先相机在华为手机、平板、折叠屏的布局上并不统一，带来了界面适配和维护较大的工作量。我们一起优化了设备的差异性，进行了统一，在面向用户的 EMUI10.0 设计风格调研中，相机的整体满意度再上一个台阶，让我再次尝到重构的美妙。

渐渐地，我养成了一个习惯：每次修改问题单时，主动识别坏代码、重构问题频发区。2019 年，我重构的代码获得了消费者 BG 软件部首届鸿蒙金码奖。

在编程界，一直流传着一句话——10 万行代码铸就编程高手，我现在还没写到 10 万行，但它激励着我发现坏代码要大胆重构，写出更多好代码。这种量变到质变的过程，本身就是代码修炼之道。

年轻，就要一码当先

有人说，你做相机应用的，是不是特别会照相？还真是两码事。我和妻子去旅行时，给妻子拍照也常常被她吐槽是直男审美，但这并不影响我对手机拍照功能的理解，不妨碍我和小伙伴一道努力将华为手机的相机应用做到极致。我很喜欢去视频网站看手机拆解视频、前沿科技评测视频，了解主流厂商摄像头规格及安装方式，了解未来趋势，从中去挖掘相机功能的一些巧思妙想。

转眼进入华为已经四年有余，我很幸运。伴随着终端的每一步发展和崛起，我也从职场"菜鸟"成长为能独当一面的模块设计师。我更庆幸的是，从少年时代敲下第一行代码开始，我找到了自己的兴趣，并将兴趣发展成为自己的特长和爱好。而最幸运的是，我一直做着自己喜欢的事。

未来面临全场景的应用设计的新挑战，这将又是新的学习之旅，但我始终相信，只要拼搏向前，再大的困难也总会克服，我们终会有所获。

作为 26 岁编码人，我常常会幻想这样一个场景：

夕阳西下，年逾古稀，家里的小辈问我最会什么，我能自豪地说："我最会敲代码！"

（文字编辑：肖晓峰）

冈比亚的"鳄鱼哥"

作者：赵权

"别怕，你过来摸一下，这鳄鱼吃饱了，不咬人！"每次出差的兄弟过来，我都会向他们强烈推荐由我开发的冈比亚特色一日游路线，也因此被大家称为"鳄鱼哥"。

我叫赵权，出生于1990年2月，是货真价实的90后首批代言人。但好几次同事听完我的经历，都会面露怀疑，从头到脚打量我，然后有些犹豫地问道："你，确定是90后？"

作者与鳄鱼

首秀惨遭滑铁卢

深夜 3 点,山路上颠簸不停,天空还是漆黑一片。在一辆货车车厢里,十几个小伙伴挤作一团。这是我每周的上学路。这一年,我 13 岁。

从那时候开始,我就习惯了独自一人在外求学。一路"学霸",初中、高中,我的脚步越走越远……在填报大学志愿时,我选择离开家乡重庆,报考了大连理工大学;等到毕业应聘华为时,我又毅然决然地填下——服从全球调配。是的,我想走得更远一些,看到更大的世界,去证明我会拥有更多的可能性。

本着要做核心业务、核心岗位的原则,我应聘了客户经理岗位。但在那时,我并不知道客户经理是做什么的,觉着日常工作就是陪客户喝喝茶、聊聊天,应该也不会很难。没想到,我还没正式上岗就"摔"了个四脚朝天。

那时我还在参加新员工培训,接到的第一个接待任务就是带领一批来自挪威的客户参观华为园区。我在心里暗暗对自己说,第一次正式做客户经理的工作,一定要好好表现,但一看到这么多陌生又充满期待的面孔,就忍不住紧张。

"Welcome to Huawei!"("欢迎来到华为!")一张口我就露了怯,说话都是颤音,还磕磕绊绊的,想不起合适的单词,一番话讲下来简直不知所云。客户虽然嘴上没说什么,脸上却难掩失落之情。站在一旁的真正的客户经理看不下去了,接过我的话,替我把介绍内容讲完了。

当时我真是又羞又窘,恨不得能立刻遁逃潜藏。但客户还在,任务还没完成，不怎么会讲英语的我，只能硬着头皮面带微笑，沉默着完成了两天的陪同行程。送走客户之后，我就在心里"狠狠"发誓：一定要把英语口语练好，绝不能再丢人了！

后来即使再忙，我每天都会抽时间来练习口语。一段时间后，我总算能和客户无障碍对话了。这段经历，也成为我记忆中最尴尬的事，鞭策着我不断学习，汲取知识，积攒经验。

"又来了一个90后"

2015年6月，我主动申请到艰苦地区，被派往塞内加尔。进入华为时我就想去世界各地看看，对从未踏足过的非洲更是充满了向往。虽然非洲究竟如何我完全没有概念，但我想，无论好坏，都是我必须要走的路，是人生难得的财富。于是我"通报"了爸妈一声之后就坦然出发了，好在父母从不干涉我的决定，只在身后默默注视我。

走下飞机，热浪和灰尘迎面扑来，破败的小平房，漫天的黄土……别样的机场风光并没有带给我特别的感受。真正让我感到震撼的是宿舍，也就是塞内加尔第一代华为人的记忆——红楼。

和代表处现在窗明几净的"豪宅"相比，当时的红楼真的太"寒碜"了。那是一栋三层的小楼，周围都是房子拆迁后的断壁残垣，门口是养马场的废墟。楼内墙面斑驳，地板凹陷，可以称之为家具的东西只有一张半塌陷的床、一张旧桌子和一把"残疾"的椅子。一层只有一个公共卫生间，排水不顺畅。坐在宿舍里还可以不定时听到飞机掠过的轰鸣声。

接机的同事把我安置在红楼后，就去上班了。不会法语、没有

冈比亚的华为办公室（外景）

网络的我，第一次"懵"了：我是谁？我在哪儿？我该怎么办？去哪儿吃饭？在"家徒四壁"的环境里愣神了一会儿之后，我选择了睡觉——当不知道该怎么办时，休息总是不会错的。

不知道睡了多久，"咚咚咚"的敲门声把我从梦中唤醒。打开门之后，我听到这20多年来最动听的话："我带你去吃饭！"我的邻居也是主管，他站在我面前，说要带我去吃西餐，这让我感动不已。

餐厅就在海边，现代化的建筑，美丽的海景，和"红楼"相比简直是天壤之别。我们吃完饭来到了所谓的办公室，也就是一栋比红楼稍微好一点的三层民宅。代表处各部门就分布在这大大小小的房间里。打完招呼后，大家纷纷向我投来了"同情"的目光和鼓励的笑容："又来了一个90后！"

塞内加尔是法语国家,但我只会讲英语,在这待了一个月后,我就被派往冈比亚。冈比亚南、北、东三面都被塞内加尔包围,从东向西横贯塞内加尔,完完全全独占了冈比亚河,整个国家面积只有1.1万平方公里,人口约200万,当地华人不超过200人,是世界最不发达国家之一。

主管和我沟通派遣计划时,还担心遭到我的拒绝,没想到我脱口而出:"没问题!"其实我当时想的是,应该不可能有比现在这里更"矬"的地方了吧?然而,30分钟的飞行后,这个问题很快就有了新的答案:还真有!

冈比亚办事处的常驻中方员工只有两人,还有两三个本地员工以及几个服务人员。办公楼和宿舍在一起,是一栋堪比红楼的二层

冈比亚的华为办公室室内旧貌

民宅。办公环境极其简单:几张破旧的桌椅、一个打10页就需要冷却的打印机。此时正值最热的雨季,办公室的空调是坏的,车辆的空调也是坏的,室内室外一个温度,车内车外也是一个温度。我们每天西装革履,还没有淋雨便已经全身湿透了。而且,办公室没有内网,主要靠几个不同运营商的 MIFI(Mobile Wi-Fi,便携式宽带无

冈比亚的华为办公室室内新颜

线装置）来支撑。每天早上需要不停地切换 MIFI，花两个小时才能完成邮件的收发。

条件艰苦吗？肯定是。但听着窗外哗啦啦的雨声，看着眼前这个简陋的办公室，我的心却定了下来：既来之，则安之；来都来了，总要做出点成绩，才对得起这个选择。

跑道上的商务谈判

公司对小国的要求是利润和现金流，不盲目地追求扩大销售规模。冈比亚市场虽然小，但却有五家运营商。不过，这五家运营商都比较"佛系"，长期投资少，网络质量半斤八两，市场犹如一潭死水。在这种情况下，我们要如何激活市场，帮助客户实现商业成功呢？

对市场进行深入了解后，我决定先找一家运营商切入。如果我们帮助一个客户改善了网络情况，实现了商业成功，一定会驱动其他运营商也做出改变。我们研究了一下，二牌运营商是个不错的选择。

这家运营商的CEO有想法，3G用户相对多，底子好，决策速度也快。

有了方向之后，我们开始帮客户分析网络情况、运营痛点，帮助客户制定精品网的建设计划，发展数据业务、打造本土第一品牌的战略。做好充分准备后，我们去给运营商的CEO讲规划，慷慨激昂地描述未来的发展，我深信这个规划可以帮助客户实现商业成功。

客户显然有点动心，但在之后的整个谈判过程中却一直在打"心理战"，想从气势上压倒我们。比如他们会突然发脾气、拍桌子，把我们全都赶出办公室，甚至会突然推翻前一天谈好的方案和价格，提出新的需求和条件。记得有一次，我和客户的CTO谈了一天，敲定了某个产品的技术要求，没想到第二天对方就反悔了，非要改。我又气又委屈，也拍桌子走人，最后客户的CEO来做和事佬，才"撮合"了我们继续往下谈。

就这么反反复复，谈了又掰，掰了又谈，我们艰难地谈到了最后的商务阶段。有一天晚上10点，客户CEO打电话要见我，会面的地点是他们公司旗下的体育场。我欣然赴约，到了之后，客户却把场馆的大门锁上，带着我开始在体育场的跑道上散步，一圈又一圈，边走边聊。偌大的体育场内，就只有我们两个人，他一边走一边"狡黠"地对我说："今天谈不好，谁都别想回家。"于是，我们就在跑道上互相"过招"，你来我往，一直谈到深夜一两点，终于在我的腿快走断时，基本达成了一致。这一刻，我最大的感受就是：内心的韧性和身体的强壮是客户经理生存的基本要素。

通过长达七个月的拓展和谈判，华为和客户签下了其建网后的最大合同，完成了冈比亚首个4G LTE网络的突破。签合同那天，我们和客户拍了合影。客户无比亲切地握着我的手说道："虽然我们打得很激烈，但我很欣赏你！"而后他又话风一变，语重心长地说："以后你会感激我的，我是在教你，生意就是这么谈出来的！"我连忙点了点头，心里五味杂陈，那时我才第一次真正明白"以客户为中心"的含义。

不久，如我们所料，其他运营商嗅到了商机，也开始陆续投资。我们趁热打铁，帮助其他客户一起做规划，让整个国家的网络都得到了大幅改善。

我们失联了！

正当业务顺畅运作之时，一场风暴却在悄悄靠近。

2016年年底大选，冈比亚因为政权交接问题，国家进入紧急状态。街头到处都是荷枪实弹的宪兵，所有路口都是架着机枪的军事掩体。

一天晚上10点，我驾车回宿舍时遭遇了游行集会。道路全部封锁，路两边停满了车，车里、车顶、路上全是游行的人。我的车开进了人群中，只能缓慢地往前挪。游行队伍一边往前走，一边拍打我的车窗和引擎盖，我的心提到了嗓子眼，脑袋里闪过了砸车打人的画面。这大概是我这辈子经历过的最害怕的瞬间。

我在心里默念了一万遍"不要慌"，强迫自己冷静下来，努力避开他们的眼神，不和他们对视。同时，我慢慢往后倒车，每倒一点，心里就颤一下。花了整整两个小时，我才慢慢从人群里挪出来，重新返回原地躲避。停车之后，我的双腿还在发抖，手心里全是汗，心里升起后怕——刚才要是有任何人对我的车开了暴力打砸的头，后果真的不堪设想。

眼看局势要向不好的方向转变，我们赶紧撤走了办事处的员工，只留下了我和厨师两个人。没想到，他们前脚刚走，后脚全国的通信网络就被彻底切断了。我们失联了！

没有网络，就没法和代表处取得联系。我想到了卫星电话，正好公司附近有一个联合国驻地，我就无知无畏地跑去敲门借电话，结果被无情地"赶"了出来。无计可施之时，本地行政人员主动请缨去传递消息，他想尽各种办法，通过了无数的检查点，一路跑到边境区，才终于打通了电话，和代表处取得了联系。

按照代表处的指示，我们一方面要做好应急计划，储备足够的粮食和水，另一方面要协助客户制定撤离方案。办事处的五辆工程车全都加满油，时刻待命，保证随时可以支持客户。只要接到客户需求，我们在半小时内就能赶到客户办公室。

随着局势继续恶化，撤离势在必行，我们开始协助中国驻冈比亚大使馆考察陆路和水路的撤离路线，做好了随时撤离的准备。没过多久，大战一触即发，我们开始按照计划，帮助大使馆和客户以及我们的本地员工撤离冈比亚。在整个撤离过程中，我也有很多的害怕和担忧，比如我们能否上得了渡船过河，能不能通过边境检查点，会不会遭遇武装抢劫等。但我是当时唯一留下的中方员工，知道这个时候我必须得稳住、扛住。如果连我也怕了，连我也逃了，我们的阵地怎么办？客户怎么办？所以我把所有恐惧和担忧的情绪都压在了心底，佯装淡定地带着大家一路向北撤退，终于安全抵达了塞内加尔。

不久之后，在国际军事力量的干预下，冈比亚初步建立了新政权。此时业务存在极大的不确定性，此刻的我坐不住了，想要返回。但由于航空公司尚未复飞，只能从塞内加尔驱车回去。临行前我特意采购了冈比亚无法买到的物资，和厨师从塞内加尔首都达喀尔出发，经过七八个小时颠簸的车程，到达边境，再坐渡船过河，到达冈比亚首都。

而此时，新政府官员乃至国家电信 CEO 全都变成了新面孔。我只能像当初刚进入这个市场那样，逐一拜访，重新与他们建立关系，获得客户的信任。好在一切都比我预想的要顺利，客户看到我在这种局势下还这么快地返回冈比亚，既惊讶又感谢，很快就接纳了我。

随着局势逐渐稳定，当地业务终于回到了正轨。我们积极运作，让当地政府、企业了解华为的解决方案。那年，冈比亚办事处获得了优秀小国奖，我也连续两年被评为"优秀客户经理"。

小国虽小，责任却大

小国办事处，资源配备不能面面俱到，但是我们有一专多能的"万能团队"，人虽少，但个个都是"全科医生"。这些年，我们一起并肩战斗，帮助客户建成了更快、更好的网络。虽然取得的成绩远远不及在大国动辄拿下上亿美元的订单耀眼，但我们无愧于自己的奋斗时光。

2019 年，我开始正式全面负责冈比亚办事处的工作。小国虽小，责任却大：客户关系、项目运作、公共关系、营商环境、行政平台、海关税务……每件事都很重要，都要倾尽全力。

这几年在冈比亚经历过大选，也经历过动荡，风风雨雨里，公司在投入，我们也在做很多尝试。如今，宿舍换了新址，办公室装修了，4G 也有了，代表处环境越来越好了。我们还开发了以摸鳄鱼、喂猴子、看狒狒为主的冈比亚一日游特色线路，吸引更多的员工来

冈比亚华为团队合影

这里出差、常驻。

　　感谢曾经在这里奋斗过的每一位兄弟。革命的果实需要捍卫，革命也需要继续。真心希望每一位到冈比亚的兄弟都能过得开心，希望我们在这里做的一切，对公司、对这个国家都是有意义和有价值的，也希望所有的时光都对得起我们的选择和付出。

（文字编辑：江晓奕）

夺金之路

作者：朱承志

每年的六七月份，如果你走在华为上海研究所的小道上，听到有人神秘兮兮地相互打探："你投了多少了？""看好哪一个？"请不要疑惑，这不是在交流投资，而是无线人每年翘首以盼的创新大赛又开始了。

一个灵光一现的点子，只要具有创新性、商业价值、技术可行性，就可能获得无线创新投资，在项目中落地孵化，甚至撬动一个产业。从2014年举办算起，已经有30个点子在无线创意大赛中"梦想成真"。

当然，在此之前，得闯过部门预审、专家评审、导师预审、决赛比拼等重重关卡，从四五千人中脱颖而出。这和我们熟悉的"好声音""偶

作者滑雪照

像练习生"选秀的"套路"是一样的。

直到多年后的今天,我依然很意外,自己怎么就成了那个幸运儿。

灵光一闪,找到 5G 隐藏的痛点

我最初的创新是为了"偷懒"。

2016 年 4 月,我加入华为无线网络研究部,接到的第一个任务是——模拟一个系统级仿真任务,评估 5G 产品的不同算法、硬件的能力。

听起来很复杂,其实不难,就是耗时。在仿真平台上,导入数据要 2 小时,运行数据要 20 小时,处理数据要 3 小时……等待的过程特别难熬,仿真一次要脱掉一层皮。

所以,我绞尽脑汁地想:有没有什么"偷懒"的办法?我先写了一个脚本,把数据处理时长从 3 个小时缩短到 2 小时;接着,又开发了配置数据的工具,简化场景配置的复杂度,还利用并行化缩短大部分仿真场景的运行时间。

这个小小的创新,不仅帮助我在转正答辩中获得了"A"的佳绩,还造福了一众和我一样经常要做系统仿真的工程师。

随之而来的,还有更多的创新火花。

如果说 2G 是自行车,3G 是摩托车,4G 是汽车,5G 就是高铁,以低时延、高网速著称,下载一个高清电影只要十几秒。但前提是,不管你在家里、车里还是电梯里,永远都能保持接入信号最好的方向。

然而,研究 5G 系统仿真时,我发现了一个改进点——用于定位"你在哪儿""哪里信号最好"的波束扫描技术还不够快。这就好比拿一只手电筒,在漆黑的墙面上找一张画,现有搜索方法很"笨",每照一个地方,都要关闭手电筒后重新对准,再照下一次,这样一来,要依次照射 N 次才能找到。

是不是可以想个"偷懒"的办法,提高效率呢?我想到了读研期间,导师曾带着我研究过的一种图像处理技术——压缩感知技术:用很少的样本,就能迅速恢复所有样本点的位置。拿上面这个"手电筒找画"的例子来说,有了这个技术,只要拿手电筒照几处位置,就能通过数据的关联性,准确预测出画的位置,大大提升效率。但这个技术此前只用于图像领域,没有人想过还能"移植"到网络通信中,让 5G 如虎添翼,跑得更快。

这应该是一个不错的点子,我暗暗想。恰好此时,一年一度的无线创新大赛开始了,我决定把这个点子"卖"出去!

尴尬了,没人"投"的点子

一个星期四的下午,部门预审率先启动。

会议室里,部长组织了六级以上的专家,对所有参赛点子进行初筛。同时,每个专家手上还有虚拟金币,对自己最看好的点子,可以"投资"。参赛者获得的虚拟金币达到一定数量,就可以直接晋级 100 强。

这是我第一次作为"主角"面对这么多专家,既激动又忐忑。我想,如果不是有无线创新大赛,我这只小菜鸟要想成为大家关注的焦点,估计得在多年之后的任职资格答辩会上吧!

"我这个点子,可以更快定位移动用户的信号方向,为 5G 带来更短的网络时延和更快的下载速度。"在 10 分钟的陈述中,我努力呈现我的点子的商业价值。看起来专家也挺感兴趣，问了我好几个问题。

"有应用场景吗？"有专家突然发出了"灵魂的考问"。

我尴尬地摇摇头。方案是我拍脑袋想出来的，还没有思考可以应用在哪里。讨论了十来分钟后，部长决定挨个点名，询问专家们是否支持"投资"。

"蒋博，你投不投？""这个技术还不成熟，我不投。"

"乐博，你呢？""这个点子，还需要一个故事，让大家能有具体的概念。"

"老魏呢？""我觉得乐博说得对。"

专家们都说不行，看来是没戏了。虽然没有指望自己能一下杀出重围，但在现场被这么多专家"否定"，我还是很沮丧。

沉默了一阵，部长发话了："我觉得这个点子有黑科技的潜力，可以打磨一下，我投你，承志。"

这句话让我精神一振。"创新一开始总是不被看好的，再挣扎一下吧！"我安慰自己。

虽然只有一个人投我，不足以让我直接晋级 100 强，但只要我能在接下来的专家评审环节得到足够的票，还有机会逆袭，闯入 100 强。

好点子，也得有个好故事

冷静下来想想，我的点子确实存在专家们指出的问题——没有应用场景，没办法让人感同身受。

这时，我想起了友商一次有名的 5G 极速测试：赛车场四周安装了 4 个 5G 基站，赛车车顶上安装 5G 接收终端设备；赛车一边绕着赛道狂奔，一边不断接收并快速切换 4 个 5G 基站发出的波束信号；即使是车速高达 128 公里 / 小时，依然能保持不间断的高速网络连接，时延达到毫秒级。

在这个场景中，5G 波束就像一个探照灯，指哪儿照哪儿，可以灵活调节方向。秘诀是什么？就是某项波束扫描技术。我这个点子也有异曲同工之妙，可以有效缩短扫描时延。直觉告诉我，用赛车这种极端场景为例，引出这个点子在高速追踪场景中的商业价值，很有说服力。

为了从"点子大军"中脱颖而出，我主动出击，将 PPT 单独发邮件给相应领域的评委，并与最终分配到的三位评委分别进行沟通，确保他们完全理解我的点子。

好点子有了好故事，吸引力一下增强了。很快，我就等到了好消息：顺利晋级 100 强。

部门的专家听说后纷纷给我打气，还半开玩笑地问："你能不能给咱们部门拿到一块金牌？"我吃了一惊，不好意思地回答："这不可能。"

"约聊"专家，打磨点子

如果说之前的选拔是大浪淘沙，那么接下来就是综合实力的较量了。进入 100 强后，大赛给每个参赛者安排了四位评审专家，级别更高。在继续打磨点子的同时，我沿用之前的方法，主动向专家发出沟通邀请。

"我早上 9 点之前都在工位，你可以来找我。"中射频的专家王伟首先回复了我的邮件。

不久前我曾在一次会上见过这位专家，专业且"强势"，让我印象很深。和这么高级别的专家交流，我既惊喜又有点紧张。

那天一早，专家听明我的来意后，立马招呼身边的几位同事："来来来，这个点子是要参加创新大赛的，你们刚好也研究这方面，一起看看。"又一次被专家们集体检视，我紧张得两手冒汗。

由于射频领域的专家们对此项技术和应用并不陌生，经过十几分钟的讨论后，大都肯定了我的思路，认为这个技术未来极有可能被使用。不过，他们也一针见血地指出我的缺点：研究还不够深入，缺乏数据支撑。讨论结束后，我根据专家给我的建议，做了一些针对性研究和改进。

接下来，我继续发邮件"约聊"专家：和市场专家谈点子的商业价值；和算法专家谈具体的思路；和规划专家讨论未来 5G 的趋势……沟通了十几轮，优化了十余次方案后，我的点子再一次冲过 15 强的分数线，成功晋级决赛。

没有比较就没有伤害

决赛之前是导师预审环节。组委会为 15 强选手安排了 5 位导师，每位导师辅导 3 位选手。

第一次辅导会前，我还怀着作为 15 强的一点点自豪感，自以为点子比较成熟，没想到，却遭遇了开赛以来最大的挫败。

辅导会上，每人有 40 分钟的讲解辅导时间。首先上场的是一个关于高铁应用场景的创新方案，巧妙利用了某项专业技术，能让乘客在高铁上享受高速且不中断的无线体验。清晰的应用场景，华丽的数据支撑，听完之后，让人忍不住赞叹：牛！

相比之下，我的方案显得单薄，场景不够生活化，又缺少数据支撑。专家们连连摇头，副团长也委婉地说："承志，你要能让我理解你的想法，同时需要一位高手帮你做 Demo（演示版）仿真。"

这让我非常沮丧，两个月来，对点子的打磨和付出越多，对成功的期望就越大，此时任何一点负面评价都会在我心里投下大片阴影。我坐在旁边，强迫自己听完所有意见。

消化了好一会儿，先前的郁闷才慢慢转为冷静，我意识到赛前辅导最大的价值是识别缺陷，找到弥补办法。"离决赛还有两个星期，还不是放弃的时候，再挣扎一下。"我又一次给自己鼓劲。

另辟蹊径，解决仿真难题

"找一个高手帮你做 Demo 仿真"，我一直在思考副团长的建议，下班路上、洗漱期间，甚至做梦都在琢磨。

Demo 仿真需要比较长的时间，有没有其他办法可以获得同样的数据支撑呢？沿着这个思路，我的脑海中浮现出参加数学建模大赛用过的工具和算法，也许可以"抄近路"生成数据！想到这里，我感觉前行路上又有了光亮。

接下来几天，我请教仿真专家验证了可能性，并在 5G 系统仿真平台上进行几百行代码的修改，同时借助已有的算法工具，改代码，跑数据……通过这种等效的方式，我完成了点子收益量化的任务，另辟蹊径修复了"缺乏数据支撑"这块硬伤！

很快，决赛前的最后一次导师评审开始了。这次，我降低了心理预期，觉得只要有一点突破就是进步。"我的点子可以让波束扫描时延缩短 1 倍，在高速移动场景获得 20% 以上的吞吐率增益，从技术上断裂友商，实现 5G 低时延诉求。"我用新鲜出炉的数据论证了这项技术的价值。

出乎意料的是,这次,团长和副团长都对我表示了肯定:"有了数据支撑,很有说服力!"我甚至隐隐觉得,他们在 3 个点子中更看好我的。

最"燃"的决赛

决赛终于来了。

上海研究所的大礼堂,200 多个座位座无虚席,无线产品线总裁、研发部长、各领域的顶级专家组成了阵容强大的评委团和嘉宾团。

15 强选手要做的,就是在 4 分钟时间内,从业务痛点、关键技术、商业价值三个方面阐述自己的方案,将点子"卖"给评委们。

我第五个上台,上台前三分期待,七分紧张,但上台后全都化为兴奋和自信。我信心满满地讲述完自己的点子,还笃定地回答了评委的几个关于扫描次数的问题。还好,这些问题我都考虑过。总体来说,表现不错!

等待最终结果的过程特别漫长。所有选手展示、讲解完后,评委开始讨论、打分、计分。

"接下来,我们将揭晓

决赛夺金,作者和导师团团长合影留念

本届大赛的银奖获得者!"当主持人公布银奖的时候,我内心的"戏码"又上演了:既希望有我,又希望没我,既然已经走到摘金的门口,对诱人的金奖,总是报有那么一点幻想的。果然,没有我。

"下面揭晓金奖获得者!"无线网络营销工程部部长周跃峰徐徐上台,掷地有声地宣布金奖结果。当喊出我的名字的时候,现场掌声雷动,我一下"燃"了!这感觉,太像做梦了!

后来,有评委跟我说,我之所以能拿金奖,是因为我的点子特别贴合 5G 产品,在高速移动场景能获得 20% 以上的吞吐率增益,很有潜力!很快,我的创新方案就同无线创新大赛的其他几个获奖方案一起,在项目中孵化落地,并成功在 5G 样机中应用。

用创新创造价值

回头看,我的参赛之路就像坐过山车一样忽起忽落,每每掉入低谷的时候,我就用"再挣扎一下"来自我激励,没想到这种"打不死的小强"精神居然推着我走完了全程。

如今,我还在坚持做 5G 解决方案的创新,虽然很多的算法改进都是在内部,不能被外人看到,甚至根本不为人所知,但是每次听到别人称赞"华为 5G 很牛"的时候,我心里都会有一种荣誉感和责任感。

创新除了要有一点点超前的思维,还要有很多点超前的准备。我希望自己能初心不改,敢想、敢干、不设限,不断探索未知,用创新创造价值。

(文字编辑:江晓奕)

非洲小太阳

作者：曹菲

站在岁月的这头，回望来时的路，一切的开始应该是在我 22 岁的那个夏天——那年的风带着微微的热度，白云像棉花糖一样簇拥着，我喜欢的那首《年轻的战场》在耳机里单曲循环……一切都那样热烈而丰盈，让人充满期待，满心欢喜。

那时，我刚做了这辈子最"叛逆"的决定：远离故乡去非洲当客户经理。

先斩后奏来华为

从小我就是个乖孩子，按照爸妈的规划，在西安从小学读到大学。记得高三报志愿时，妈妈坐在我身边当"监工"，盯着我填报志愿：限定在离家 1 小时的车程范围里。所以，他们大概永远也不会想到，就业时我会来一出"先斩后奏"，和华为签完三方合同后，才告诉他们我的决定。

22 年了，都是他们给我做主。这次，我想要自己做主！虽然听了很多关于非洲的种种不好：疟疾、贫穷、艰苦……但我没有理会，学了四年的法语，我不能放弃，一定要用到工作中，而华为能给我提供最广阔的天地。

"我长大了，让我出去看看吧！"听完我的独立宣言，家人只好抹着眼泪，往行李箱里塞满衣服、药品、日用品，目送我蹦蹦跳跳

作者

地离开他们的视线。

2015年2月,我和另外两个小伙伴来到了非洲的第一站——喀麦隆。

和预想的景象差不多,下了飞机,一个破旧的皮卡拉上我们三个人大大小小的行李,在夜色中,载着我们向办公室出发。

车的空调坏了,我们就打开窗户,吹着风,一边看着外面黑黢黢的房屋、树影,一边和司机搭话,开心地畅聊了一路。他以身为华为司机为荣,一路上和我们分享了很多故事,最后说:"相信我,你们会爱上这里的!"

高冷客户说,我只认你一个人

我们三个90后的到来,让喀麦隆代表处的企业网队伍从人数上壮大起来。正当我打算一鸣惊人时,却被现实"啪啪"打脸——一个法语专业毕业的人,却听不懂法语。

主管让我去参加一个政府的会议,跟他转达一下要点,结果我听了半天,灰溜溜地跑回来表示"听不懂"。还有一回,有个客户给我打电话,他语速很快地说了一通后就干净利落地挂了。我一脸懵又不敢返回去问。等到再见面的时候,他满脸狐疑地问我:"上次让你过来开会,你后来怎么没过来呢?"我顿时无比尴尬,哭笑不得。差不多过了两个月,我才适应了非洲口音的法语。

更让人崩溃的是,一些客户刚开始时对我很抵触,他们不接我的电话,甚至不让我进门。比如,一个通信部的客户,由于之前和华为在项目回款进度上有分歧,一直对我们心存芥蒂。

我第一次和他见面时,刚开口打了声招呼,就感觉到一阵寒意扑面而来。客户礼节性地冲我点了点头,立马转身留给我一个高冷的背影。啊,就这样结束了?看着他越走越远,我在心里骂自己:"傻瓜,不会追上去找话题啊?"但当时整个人都仿佛被冻住了,舌头也像缠到一起,一句话都说不出来。

我从小就很好强,自尊心很强,这种感觉让我既尴尬又窘迫。他越是不理我,我就越想要攻下。接下来,我就每天"泡"在通信部里,在客户办公室门口一坐就是一下午,和其他的办公人员聊天,顺便练练口语,等他一出来,我就上前打招呼。刚开始,他总是惜字如金,后来慢慢问我几个问题,我们聊上两三句。两个星期后,我终于有机会坐在办公室和他对话了。

我在对过往的不愉快表达歉意后,拍着胸脯向他保证:"您的每一个问题,不管我能否找到解决方法,一定会给您及时反馈。"

"任何问题?"他露出了怀疑的神色,然后摊了摊手:"好吧,那你先把上个项目的验收材料准备好吧！"

对这个要求，大家都觉得他是故意"找茬"，项目的验收流程早已完成，客户的工程师也逐一确认过每个站点，客户却死活不愿意在验收报告上签字。可我想，换位思考，将心比心，客户心里有疙瘩，想借此再看看我们的诚意也没什么。与其僵持下去，不如交出一份无懈可击的方案，让对方看到华为的态度和能力。

于是，我和分包商一起，重新收集了每一个站点的验收数据、照片等，整理了一份翔实细致的验收报告交给客户。看到报告，他眼里闪过了一丝惊讶，我理解那个意思，好像是："这个小姑娘还不错！"

有了第一次的破冰，后来的沟通就顺畅多了。随着一个个问题的解决和我的及时反馈，"高冷"的客户逐渐变得柔和，项目运作也顺畅起来。后来离开喀麦隆的时候，我受邀去他家里做客，餐桌上是熟悉的非洲特色餐，却整齐摆放着中国红的筷子，似乎象征着两种不同文化的交融。客户跟我说："在华为，我只认你一个人，就算你们的总经理过来，我也不想说话。"虽然有开玩笑的性质，但我觉得这是对我最大的肯定，也是我忘不了的回忆。

转危为机，做"拆弹"达人

就在我以为自己从此顺风顺水时，一道"惊雷"从天而降——一封 E 客户的投诉邮件"砸"进了我的邮箱里。

我定睛一看，邮件不只发给了华为，还抄送给喀麦隆通信部、总理府、总统府，我的脑袋顿时"嗡"了一下，整个人都木了。

2015 年，我接手 E 客户数据中心项目时，项目已交付，回款完成，华为项目组的人员也撤得差不多了。可此时,客户投诉却纷至沓来,涉及此项目遗留的一些问题。

我还隔三岔五被叫去开会,每次客户都怒不可遏地"控诉"项目遗留的"数宗罪",我就闷头"唰唰唰"地记。可问题很多,我也没有经历售前、交付等大部分环节,很多细节都听不懂。每次开完会,我都感觉脑袋炸裂,无以言表的压力就像密不透风的墙,让我透不过气,信息量实在太大了!

但我不是一个轻言放弃的人,知道害怕没有用,只能去勇敢面对。"就算收到1000封信函,我也会一个个解决!"冷静下来的我暗暗发誓。现在虽然看起来问题多,但很多都是重复的,我一定可以理清楚。

2016年华为喀麦隆年度迎新暨颁奖晚会上员工与家属合影

为了弄清楚项目的"前世今生",我先找参与过这个项目的同事,一个个地聊这个项目是什么背景,当时有什么问题。然后再缠着本地员工给我像讲课一样解释:客户每一封信函提出的是什么问题?怎么造成的?影响程度有多大?如何解决?

比如,客户提到"花了很多钱却根本用不起来 OA 系统(Office Automation System,办公自动化系统)"。我分析了一下,是因为 OA 系统正式上线和培训时间相隔较远,培训过的人忘得差不多了,客户内部也没有做技能传递。于是,我双管齐下:一方面,找到总经理,说服他签发正式文件,要求全公司人员使用 OA;另一方面,找到客户的项目经理,用两个星期重新培训了客户的技术人员,再由技术人员代表培训各个主管、副总经理、总经理,确保人人懂 OA,人人用 OA,用行动向客户证明了产品的价值。

客户还抱怨过设备过热、油机损坏等问题。我就去数据中心现场调研,拍照片取证。正值雨季,屋顶上确实霉斑点点,机房里湿气很重,有些空调也坏了,温度过高,所以导致设备过热,油机损坏是因为设备使用太久了,又没有及时维护……我把问题都记下来,根据优先级梳理排序,联合分包商调整方案,采取措施解决。在调研中,我还发现客户在数据中心管理上存在漏洞,比如准入流程不规范、人员进出不穿静电鞋套、空调温度不合适等,也一并反馈给客户。

"还以为所有问题都会石沉大海呢!"客户看完我的反馈,脸上第一次露出了笑容。

问题明确后,地区部和代表处成立了项目组,总结项目现状与困难,和客户一一对标,分阶段落实解决方案。很快,E 客户数据中心的业务就顺畅运转起来,业务量也越来越大,而我再也不用担心,一打开邮箱就会收到重磅"炸弹"了。

第一次想到了放弃

认识我的人都知道,我这人心大、随性、乐观,遇到再大的困难,总能看到好的一面,一天到晚嘻嘻哈哈的,却没想到在 2017 年,当我接手喀麦隆农村太阳能供电项目后,第一次有了崩溃的感觉。

那个项目的客户是一个非常心直口快的人,有什么不满意的地方都会直接说出来,绝不会拐弯抹角,他对着我们拍桌子简直就是常态。有一次,他对我抱怨一个问题时边怒吼,边把手机摔到地板上,差点砸到了我的脚。我除了安抚他的情绪,也赶紧做出承诺:"我明天一定会给您满意的反馈!"

那段时间,项目压力很大,我几乎每天都在见客户、记录问题、解决问题的循环中。一个周末的上午,我和同事一起去拜访客户,开车到山顶时我想透透风,就把车停到路边。突然,灌木丛中冲出了一个人,一把抢走了我的包,包里有我所有的证件。同事还没反应过来,我就三步并做两步追上去,可没追几步就摔了一跤,径直从斜坡上滚了下去。地上全是小石子,把我的胳膊、腿和腰的皮肤都划破了,鲜血直流。同事赶紧送我到医疗队去清理、包扎伤口,疼得我的眼泪忍不住地往下流。

跑了一整天,饿着肚子,还被人抢了包,摔得这么惨烈。回到宿舍,我躺在床上,盯着白花花的天花板,突然觉得又委屈又难过,眼泪大颗大颗地滑落下来。看着朋友圈里,我的同学、朋友们不是今天在这里旅游,就是明天在那里看演唱会,家人、朋友都在身边,而我一个人在异国他乡,一天到晚忙得脚不沾地,还经常被骂得惨不忍睹，我忍不住对自己的选择产生了怀疑和动摇——二十多岁的年纪，我真的要对自己这么狠吗？

这是我第一次想要放弃，但这个念头大概只持续了一个晚上。哭完，擦干眼泪，第二天一早，想到项目问题还没解决，我又条件反射似地起床，跛着脚去见客户了。

人生大概就是这样吧，收获一些东西的时候，就必然会失去另一些东西。当初我来华为，是要证明自己"长大了"；如今，我还想为自己的选择负责，坚定地走下去。而且，喀麦隆这个大家庭真的很温暖，生病了会有很多人嘘寒问暖，有时候我为了拜访客户错过了饭点，住在我楼上的家属"兰妈妈"总会帮我留饭。我感动于大家对我的关心、客户对我的信任、公司对我的激励，让我尝到苦中也有甜，觉得生活充满了意义。

当然，更重要的是工作带来的成就感和价值感。从被客户拒绝，到被接纳、被需要，看着过往参与过的很多项目一一落地，给当地的人们带去更好的生活，那种感觉特别带劲儿。

我们让村子通上电了！

我收拾好自己低落的情绪，静下心来仔细想想，客户暴怒的背后，是对这个项目的重视。喀麦隆整体电力发展缓慢，80%左右的农村人口依旧采用木材作为主要生活能源。水电站、火电站建设投资巨大，因此，这个太阳能供电项目被寄予了很多期望。

2018年8月，我们终于完成了首期166个站点的交付。可客户却发愁了：怎么推动商用，让村子通上电？

虽然华为的工作至此已经结束了，但如果无法商用，这些建好的站点也只不过是几块没有用的太阳能电板，不能产生任何价值。所以，我们决定帮客户一起组建商用队伍，并以每周商用例会的方式，共同解决商用问题。

通过调研和分析，我们制定了"三步走"策略：一是策划商用项目启动仪式，进行大规模的宣传，让社会、企业都知道这件事，营造舆论环境；二是鼓励村民购买电表，并提供一些优惠政策，让村民买得起电表，用得上电；三是找一些村庄试点，让村民们切实感受到通电带来的便利。

记得有一次，我跟着客户去一个试点村庄考察，坐着非洲最主流的交通工具——皮卡，"哒哒哒"颠簸了7个小时，才到达站点。远远望去，一块块光伏电池板整齐排列着，十分壮观。除了能24小时供电外，即使在太阳能断供的情况下，也能提供3天的电力。村庄到了晚上不再是漆黑一片，村民的交通、医疗、教育也都有了电力的保障。

"谢谢你们，我们的村子总算通上电了！"村长看到我们来，很高兴，热情地邀我们去家里吃饭，并拿出了当地最好的食物来招待我们——全身长满刺的豪猪做的菜、用木薯揉成的饭团。我也入乡随俗，挽起了袖子，用手抓着饭、肉，大快朵颐起来。虽然这些食物很硬、有点腥，谈不上好吃，但我心里却美滋滋的，特别满足。

第一期项目，让喀麦隆166个无电村庄实现了通电，年均发电量在1万千瓦以上，数万居民从中受益。紧接着，客户又启动了第二期、第三期300多个站点的建设。有一天，我无意中发现，客户把名片上的Title从"负责166站点的项目经理"改成了"负责1000个站点的项目经理"，忍不住会心一笑。

刚果河畔的转身

2018年底,正当我在喀麦隆的项目中做得热火朝天的时候,主管找到我,希望我转身去当管理者,去刚果(金)负责销售工作。

说实话,刚开始时我不太想去,主要是舍不得大家,当然也有顾虑。我一个90后的小姑娘,初出茅庐又没有管理经验,"空降"过去,恐怕会遇上不少困难。但在主管的鼓励之下,我还是鼓起勇气,接下了挑战。

离开之前,我一一拜访客户。当初高冷的客户,暖心地在家里准备晚餐为我送行:"等你结婚的时候,一定要给我发邀请函,不管

2019年项目组准备出发与客户交流前留影

多远，我都去参加！"当初每天投诉我的客户，反复叮嘱我："到了那边，第一时间告诉我新号码。"当初对我怒吼、摔手机的客户，听说我要走，泪水在眼眶里打转，"命令"我要照顾好自己……就这样，我带着客户和同事们的祝福，依依不舍地启程了。

  一到刚果（金），我就感觉反差好大，不太习惯。刚开始团队里的人看起来都不太热情，项目上的事，经常也是问一句才答一句，项目进度很慢。为此，我做了很多努力，认真聆听，用心体会，比如改变比较"刚"的个人风格，根据大家的性格有针对性地进行沟通。每周，我会找一个"Coffee Time（喝咖啡的时间）"，和每个人敞开心扉地聊一聊；每隔一段时间，还会组织大家到外面的场地研讨，和大家共同制定目标和分工安排；周末大家会一起去刚果河畔长跑，在篮球场吹风、投篮，在图书室集体观影……其实，非洲这个地方，每个人都很单纯、很简单，就是一根筋把事做成。我这人本来就外向、开朗，很快就和大家打成一片了。经过几个项目的磨合，团队的氛围越来越好。

  记得2月11日那天，我见了一天的客户，回到办公室已经是晚上9点多了。同事给我打电话，说要临时开会。我疲惫地推开会议室的门，却发现大家都聚在一起。他们手捧着蛋糕和鲜花，为我唱起生日歌。"菲菲，生日快乐！""Sophie，你就是我们的小太阳！""请继续做个坚韧活泼的美少女！"……看到眼前的画面，我觉得心里暖暖的，感动得要落泪。

写在最后

  在二十多岁的年纪，虽然我没有像同龄人那样有很多浪一浪、

E-finance 融资协议签署的时刻

玩一玩的自由时光,却收获了更多简单的快乐和单纯的友谊。我喜欢和客户一起参加活动,和同事们周末散步、逛超市、挖掘好吃的本地餐……在非洲待久了,我整个人也变得没心没肺,更加乐观了。

回望过去的五年,我从一个稚嫩的大学生成功转身为一名客户经理,又成长为一名管理者,如今带着一帮兄弟姐妹,做着几百万、几千万美元的生意,和一个国家的政要、企业高管交流一个行业的发展方向,帮助华为给客户、给当地带来价值,这些都是我未曾想过的际遇。

如果回到 22 岁的夏天,让我再选择一次,我还会做同样的选择。

(文字编辑:江晓奕)

科技的颜值担当

作者：游子良

约六七年前，我在法国巴黎留学期间，趁着假期去中欧的一个小镇游玩，当时不是旅游旺季，镇上基本没有亚洲人的面孔。我漫步在路上，一个转弯处，突然看到一张华为的巨幅海报扑面而来。那一瞬间，在异国他乡的陌生小镇看见中国企业的广告，内心油然升起一股亲切和自豪的感觉。

这是华为给我的最初印象。

时针转动，到了 2017 年 12 月 21 日——这一天，我拖着行李，风尘仆仆赶到了华为深圳的百草园，办理入职手续，正式成为华为的一名视觉设计师。一起来办手续的未来同事，手里拿着的都是北大、清华这类国内顶尖学府的毕业证书，我忍不住偷偷拍了张照片，发给我妈："妈妈，你看吧，你眼中'别人家的孩子'此时和我在一家公司。"

这一天，不仅是我与华为"牵手"的纪念日，也是我心中梦想启程的日子。

带着"曼巴精神"走进华为

科比·布莱恩特是我的精神图腾,我一直深受"曼巴精神"的影响。自称"黑曼巴"的科比曾说:"总是有人要赢,这个人为什么不是我?"这句话深深刻在我心里,一直引导着我前行。

当年艺考时,我因为几分的差距和心仪的中央美术学院失之交臂,心有不甘地进入国内一所综合性大学的艺术设计专业就读。读到大一下学期时,我内心"折腾"的欲望越发强烈——我想去国外顶尖的艺术专业类学校学习。于是,我决定推倒一切重来,赌博式地来到这个艺术、时尚与浪漫的城市——巴黎。

从本科到研究生,我几乎每年都是专业第一,但内心却依旧充满危机感,因为之前的"折腾",我比很多法国同学年纪要大两三岁,我总觉得,他们到了我这个年纪,肯定比我现在做得更好。于是我就这么战战兢兢、如履薄冰地一路前行。对待自己的作品,要求自己一定要做到最好。当年我的毕业作品本已获得最高分,但在对外展出时,我觉得隔壁展位的学长作品比我好,于是熬了三个通宵优化方案,就为了其中一个 A3 大小的设计图稿。也许看展人不一定能看出来变化,但我的内心却异常坚持。我想,这应该就是"曼巴精神"对我造成的影响吧,在任何一件我在乎的事情上,我都希望能竭尽全力做到最好。我认为的"曼巴精神"就是持之以恒的坚持和始终对自己有高标准的要求,它是对抗命运风暴的利刃,是平凡到不平凡的撒手锏,是获得幸福的不二规则。

做能留下"时代烙印"的设计

读书实习的时候,我曾在巴黎一家广告设计公司做产品的包装设计。后来实习结束,我有一天逛超市时,看到货架上的巧克力差点叫出声——这款巧克力的包装正是我当初实习期间的作品!第一次看到自己的设计作品从"二次元"进入"三次元",真的把我激动坏了,立刻拿出手机拍了照片,特别开心地发到朋友圈嘚瑟。后来,我又进入全球知名的化妆品公司从事品牌设计工作,看到自己的设计作品接二连三地上市,这越来越让我感受到这份职业带来的满足感和幸福感。

所以,我选择了商业品牌设计作为自己未来的职业方向。商业设计有一个很大的特点,那就是贴近消费者,直面消费者,用产品与消费者沟通,华为公司这样一个国际化大平台成为我大显身手的梦想天堂。我就职于 2012 实验室的 UCD 设计中心,UCD 就是 User Centered Design 的简称,即"以用户为中心的设计"。理念的契合,让我在华为的这几年工作中,充满了使命感与责任感。UCD 中心有多个设计工作室和设计部,专注于不同的业务和设计领域。我所在的设计工作室是官方主题设计工作室,大家平日里在发布会和各种营销渠道上看到的华为各类终端产品主题视觉,例如海报、手机、平板、大屏上的出厂主题、壁纸等涉及华为产品、品牌的视觉形象,很可能正是出自我们团队之手。

华为官方主题团队优秀作品合集

但其实,刚进入部门时,我还有点不习惯。和很多人一样,我对自己业务的重要性认识得不够，甚至还有偏见——不就是给手机找几张好看的壁纸吗？这有什么难的。要知道，从小我就有个"粉刷世界"的设计师梦想，我一度质疑自己是不是离梦想越来越远了。

很快，我的疑惑得到了解答，我们的艺术总监梁俊点醒了我，千万不能"妄自菲薄"，因为我们的作品每次与新产品同时揭开神秘的面纱。在工业设计越来越趋同、竞争厂商在ID（Industrial Design，工业设计）设计上难分高下的背景下，主题壁纸其实承担的是产品正面"颜值"，是传递给消费者的第一印象。融合艺术与技术，点燃科技的温度则是我们的团队愿景，而我们的设计作品不仅影响着华为的品牌形象，还承担着区隔华为不同产品的作用。比如同样是手机，Mate系列、P系列是"高端旗舰调性"，nova旗舰、HONOR旗舰的定位更多是先锋时尚潮牌，因此我们需要在产品ID工业设计、UX（User Experience，用户体验）设计、美学设计等方面打造不同品牌调性塑造与区隔，给消费者不同的"温度"感知。

我所在的团队是由华为2012实验室和负责消费者业务的设计师们组成的联合团队，这是一个团结又温暖的战斗团队，既有华为资深的跨领域设计总监和经验丰富的高级别UX设计专家带队，也有"棋逢对手"的新鲜血液，所有的设计作品不是一个人的"单枪匹马"，而是集体智慧的火花与奋斗汗水的结晶。打个比方，我们的设计师团队就如一个米其林大餐生产团队，有人会种菜、买菜，提供素材，挑选素材；有人担任大厨角色，尝试用不同的方法来烹饪美食，或是传统风味，或是创新菜品；有人还负责后期的装盘点缀……大家各司其职，通力合作，都是为了最后给消费者呈现出一道秀色可餐的"佳肴"。

华为官方主题团队优秀作品合集

凌晨 4 点的努力

网上曾经很流行科比的一句话——"你见过凌晨 4 点的洛杉矶吗？"

我没见过凌晨 4 点的洛杉矶，但我见过凌晨 4 点深圳坂田华为总部基地的样子。

还记得 2019 年 5 月的一天，我们在摄影棚完成创作素材的拍摄后，已是凌晨 4 点。同事拍了拍我的肩膀："子良，接下来就看你的了！"

"好嘞！"我接过同事手中的素材，立刻导入电脑，开始进入下一轮的后续制作，这是二次创作和编辑重构的过程。每次创作方案最后确定前，都要经历不断的尝试才能达到想要的效果。时间一分一秒地过去，当我终于揉着眼睛、伸了个懒腰站起身来时，天边第一缕阳光已经穿透了黑暗的寂寥，似乎预示着我们期待的未来。

当时我们正在给下半年即将上市的 Mate 30 设计默认主题壁纸，每次这样的"大项目"，熬个通宵对我们来说都不是新鲜事。这世上从来没有随随便便的成功，每一场胜利背后都蕴含着无数夜以继日的努力和付出。那些"爆肝"的夜晚，是我们专业素养的体现和坚持，也是大家对作品视觉质量高品质的追求。

而我们的创作思路并非完全是"天马行空"的想象，我们的主题设计和手机产品设计是同步进行的。当时我们知道 Mate 30 的一大亮点就是背板上摄像头的圆环设计，于是灵感迸发，将"圆"作为华为 Mate 系列家族全新的设计元素，决定主题壁纸的画面也需要凸显这个特点，让用户一看到这个"圆"就能感受到产品的创新点，

HUAWEI Mate30 Pro 手机宣传海报

相得益彰。

经过来自各方的几轮方案的 PK，我们最后敲定了"大地彩绘"这个设计方案，希望通过来源于自然的这种宏观大气，展现出充满想象的生命力和力量感。画面中间浓郁的色彩也令人遐想，可以是一个湖泊，可以是一个泉眼，也可以就是色彩斑斓的大地……我们想要给 Mate 系列所针对的高端商务人群一个"一览众山小"的视角，丰富的色彩也能够凸显我们高色域的屏幕质量。

美，来之不易

美，不止于表面的印象，更需要细节的呈现和品质的体验。"大地彩绘"是通过微距实景拍摄之后设计而来，这也就意味着我们真的造了个大地彩绘的实景。

如果你来到我们工作室，你会发现在华为还有这样一群人：他们莫名其妙地琢磨着一堆石膏泥土，一个个"目光如炬"，穿着随意，

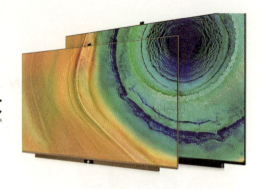

华为智慧屏宣传海报

身上、脸上都是颜料,可能会为了1厘米的光线角度争论得面红耳赤,也可能为了颜色的调制搭配唇枪舌剑……这一次,我们通过综合材料的微观造景,用天然珠光材料模拟,在培养皿中打造了一方"大地",尽可能还原自然界中大地的脉络、森林的立体、海洋的波纹,打造出大地彩绘的金色,然后进行微距拍摄,再进行后期创作。

2019年10月,华为旗舰机Mate30系列壁纸"大地彩绘"随着手机一起亮相世界,在公司进入新战略1+8+N的全场景背景下,这张壁纸同时也是MatePad Pro、华为智慧屏等产品的默认主视觉,在营销效果上实现了非常不错的品牌记忆点——消费者只要看到这张壁纸,就知道是华为同期旗舰系列产品。

坚持原创,一看就是华为

我们更期待的画面,是当消费者看到某个视觉图像或产品时,能条件反射:"哇,这不是华为吗!"这就是我们常说的品牌塑造。

HUAWEI P40 系列手机宣传海报

为了实现这样的愿景，我们首先要守住生命线和底线：原创。我们官方主题团队的日常工作就是穷其所有进行原创，运用摄影、三维、代码构建、综合材料等艺术创作手段，去接受来自市场和自我的挑战。

在我们原创的作品中，很大部分的素材都是微距实拍，也有人问过我们，为什么不更多地使用设计软件来设计图纸，其实原因很简单——因为实拍的质感是独特并有生命力的。微观世界下有机材料丰富的肌理以及实际操作中碰撞的意外、自然界存在的无数可能性，是人类呆坐在电脑前苦思冥想所无法比拟的。

比如刚刚随 HUAWEI P40 系列一同亮相、名为"凝光溢彩"的全新主题壁纸，我们从产品后壳的全新工艺和配色汲取灵感，锁定与原冰有关的题材作为主题创作的全新手段。我们用火、颜料，光和冰的结合去探索，还尝试混入精心调制的混合油彩溶液，希望能捕捉到瞬间的冰水转化与融合之际的光线之美，力图在视觉上给 P40 系列更多关于美的无尽遐想：光影流转，仿佛破晓的第一缕阳光，划破黑暗与寒冷。

HUAWEI P30 系列手机宣传海报

还有 HUAWEI P30 系列的颜料泼溅壁纸,这也是团队共同创作的经典方案之一。我们把颜料有序或无序地放在音响上,通过音响的震动,用超高清摄影机慢速捕捉拍摄,并租借了 41 台单反摄像机,全方位去拍摄泼出去的颜料瞬间碰撞的动态。经过几百上千次的泼溅,最后才成功捕捉到了最美的瞬间。这种实景拍摄出来的画面,远比用电脑软件模拟出来的有温度,而且会收获更多意外——偶然的美丽,这就是来之不易的"瞬间美学"。

虽然创作的过程艰苦甚至枯燥,但经过我们创作团队的匠心雕琢,看到我们的新品推出时,能得到用户的赞赏和认同,所有的"负能量"都一扫而光,让我们获得了更多继续坚持下去的勇气和信心。

遇强则强，大平台上的"竞技"

在华为工作的日子里，我感觉自己很幸运，因为在华为这样一个大平台上，在这样一个精英团队里，我能够不断探索和获取新知识，感觉自己一直在变得更好。我和同期入职的十几位从世界各大高校毕业的伙伴们互相分享，共同成长。最特别的是，我所在的业务团队也有毕业于中央美术学院的同学，当年与央美失之交臂一直是我心中的小遗憾，如今和他们一起碰撞讨论，并肩战斗，我也感觉内心某处小皱褶被抻平了。

但如果你以为我们会从此"和平相处"，那就大错特错了。作为设计师的我们，平日里仿佛是一群站在奥运会400米跑道上同台竞技的选手，每次的设计方案，大家都是互相PK，竞争相当激烈。而我很享受这种氛围，因为"曼巴精神"让我遇强则强，面对困难永远都是迎头赶上，从来不退缩。一个人是永远不会跑出世界纪录的，但是在"你追我赶"的境况下，人往往能发掘出自己的最大潜能。这些优秀的同事们，不仅仅是我奋斗的动力、灵感的来源、学习的对象，更是贴心的伙伴。有时候，自己的设计稿交付时间很紧，一个招呼，他们二话不说就来帮助我，完成他们KPI（Key Performance Indicator，关键绩效指标）之外的活儿。这样的竞争氛围形成良性循环，我想也是我们这个团队越来越棒的原因吧。

除此之外，华为还给了我一个预期之外的惊喜，我能够很快地看到自己设计的作品亮相世界：从城乡小镇的店面到高大上商场里，从迪拜塔到巴黎卢浮宫外的巨幅广告展位，还有在千万台新出售的华为终端产品里……作为新人，我被评为了2012实验室优秀新员工，而在自己华为之路刚刚起步时能有幸两次获得公司最高奖"金牌团队奖",更是让我备受鼓舞,也许这就是奋斗的礼物吧!

待到山花浪漫时

2019年,当华为被美国纳入出口管制实体清单的时候,我们敞开怀抱欢迎外界人士造访。可能因为专业技能还行,也比较擅长交流和表达,我有幸成为部门对外接待的实验室接口人,和同事一起接待了数百位来自世界各地的媒体记者们。在和记者们的交流中,我描述了我眼中的华为,让大家知道我们不是一家冰冷的公司,而是有很多热血青年,他们每天都走在艺术创作的路上,希望设计出有人文温度的好产品。我也因为这小小的贡献,成为公司总裁嘉奖令"待到山花烂漫时"的一员。我很喜欢这个奖项的名字,更喜欢它的颁奖词——"无论遭受多少苦难,我们为人类服务的追求永远不变。……尽管前路仍布满荆棘,但山花可能开在任何地方,最终山花开满坡。"仔细想想,这不就是我一直坚持的那种"曼巴精神"吗?

科比曾说:"我知道自己想要完成什么,以及想要实现这些目标,需要付出多少努力,于是我心无旁骛地投入工作,坚信它终将带来回报。"前段时间,我把 WeLink 的签名改成"被时间和感情遗忘的工作机器",有时候还真感觉工作中的自己最帅气,不知疲倦,仿佛是一台会准确操作和不断提升的智能机器。当然,这句话或许还传达出一点没有精力恋爱的"抱怨和自嘲"……但我一直认为,来到华为是为了梦想启程,既然选择了远方,便不迷茫,不服输,不怕风雨兼程,只愿能一路披荆斩棘,勇往直前。

(文字编辑:霍瑶)

毕业就当"博导"

作者:李思杨

"所有人下周一之前必须完成任务,迟到发红包!"上海研究所的会议室里,我正在给团队成员们派活儿。

"主管,黄世仁就是这么剥削人的。"有人故意调侃道。

大家一阵哄笑,我也笑了:"搞定这个项目,我保证,你们离20

作者

级专家又近了一步！"

"好吧，谁让咱能者多劳呢！"大伙儿开完玩笑，立马埋头干活儿去了。

这就是我"欢脱"又高效的团队，由三个博士和三个硕士组成，清一色的 90 后。而我就是这支"博士军团"的女"博导"。

有人问我，你一个 90 后小姑娘，管着一群博士、硕士，怵不怵？我摇摇头："我很热爱这个挑战！"

公司敢给机会，我就敢干！

时间倒流回三年前。

2017 年初，我入职消费者 BG 刚满一年半。一天中午，主管请我在一个湘菜馆子吃饭。在我大口扒拉着米饭之时，他突然抛过来一个问题："派你去上海组建智能热管理团队，怎么样？"

"当 PL（项目主管）？"我有点惊讶，停下了筷子。

我知道，智能热管理不同于硬件散热，不只考虑散热材料，还要从系统的角度去看手机为什么会发热，如何从源头设计上减少发热，热了怎么办。这需要从软硬件的设计和管控来综合考虑，是个跨学科、很有潜力也很有挑战的新方向。而 PL 既是业务交付的责任人，还要能成为技术竞争力的构建者和团队的建设者。

他笑着点点头："是的，不过干得好才会正式任命。"继而又补充道："还要管好几个博士呢！"

我早就听说公司敢给年轻人机会，PL 的任命越来越年轻化，不过真没想到机会会这么快就落到了我头上。我一个小丫头，能扛下这个重任吗？

看我没吭声，主管继续说，过去一年，他看着我主攻旗舰手机的"拍照发热"课题，拉通材料、多媒体器件、芯片等多领域专家攻克发热难题，最终从源头改善了 Mate 9 系列手机的发热，很为我骄傲。他在我身上看到了系统的思维和快速学习的能力。"思杨，我看你行！"

主管真挚的话让我很受激励。公司敢给机会，我就敢干！我坚定地对主管说："我去！"

不过，临行前一个晚上，我失眠了。躺在床上，想着自己这些年的选择，有些感慨：小时候，居里夫人是我的偶像。在清一色的男科学家里，她显得特别而闪亮。于是，高考志愿我报考了清华大学材料学专业，致力于成为一名女科学家，投身基础科学领域。

可大三那年，我的想法发生了变化。那是 2010 年，我买了一部 iPhone4，彻底被惊艳了——原来，手机不是单纯打电话、发短信的工具，还可以成为智能移动终端，用极致的体验颠覆人们的生活。乔布斯的伟大不仅在于创造了苹果，更因为他创造了移动互联网时代，让世界跟着一个产品改变，还有比这更酷的事吗？！从那以后，我的偶像从居里夫人变成了乔布斯，我的梦想也从科学家变成了工程师。

而如今，我不仅加入华为，成了一名工程师，还将带领一个团队去做创新产品，改变人们的生活。想到这儿，我对上海之行多了几分期待。

"初次见面，请多多关照"

到了上海，主管先向我介绍了团队的人员情况，然后带我见了四个 90 后博士。

"大家好，我是思杨，很高兴能和大家一起战斗！以后请多多关照！"我边说，边用眼角余光匆匆扫了一下——四个博士里有一个长发女生，眼睛大大的，很有神，叫小曹。我冲着她点了点头，她也咧着嘴对我笑。

那个个子最高的男生是邢博士，核物理专业的高才生，主管介绍过，平时他喜欢独处，但为人热心、思维发散，应该会有不少好点子吧！

另外两位博士，据说是性格互补的好搭档。一位积极主动，冲劲十足，另一位稳重随和，做事专注、执着，都是妥妥的学霸级人物。

看着眼前这些朝气蓬勃、技术过硬的博士们，我这个新"博导"心里有了底气，就等开干了！

但此时我们面临的局面却愈发紧张。正值夏天，手机炫酷的拍照、高亮的显示、马力十足的 CPU（Central Processing Unit，中央处理单元）、飞速的充电，都会产生大量的功耗，让发热问题凸显。加上"阴阳师""王者荣耀"等手机游戏的走红，我们陆续接到了多起消费者对华为手机发热问题的投诉。

而做智能热管理，就像是终端产品的温度"管家"，要有系统的思维，识别消费者抱怨的真实场景，从系统发热运行中去分析各个功能，哪些是用户的迫切需求，哪些是可以挤掉的"油水"，哪些是有待规划的基础设计能力。

为了解决现有产品的发热问题，我组织大家热火朝天地进行各种测试分析、风险汇报、需求流程……新的业务，充满未知与压力，但是战斗的真实感让我有种莫名的兴奋与成就感。

中途黯然离场的队员

眼看着第一阶段的改善成果就要落地,一天,曹博士突然找到我说,自己不习惯华为的流程和工作强度,决定离职,回高校当老师。

我一下懵了,没想到一起干活儿的队友会离开,她是部门唯一的控制学专业博士,对技术很有想法,是个好苗子。是不是近期负责的 SoC(系统芯片)控制方案设计开发,技术有不确定性,还需要和海思、功耗、测试部门多方合作,攻关压力太大了?我安慰她:"刚开始'打天下'确实比较累,等挺过这个阶段就好了,热管理的前途一片光明。"可主管和我反复和她沟通了几轮,都没能让她回心转意,她还是觉得当老师更适合她。

面对这样的结果,我很愧疚。她刚来公司没多久,本身刚踏入社会,还在适应华为文化和工作环境的过程中,但这期间我主要关注的是她的工作进展,没能在她最需要的时候,更感性地察觉、疏导她的问题、困惑、情绪,等到问题暴露时已无法挽回了。

她离开部门的那一天,我组织大伙儿聚餐,一起为她送行。她很开心,还发了朋友圈纪念和我们一起奋斗的时光。可我心里却百味杂陈,有不舍,有难过,更有自责。虽然相处不长时间,但这是我带的第一个团队,团队里的每一个人都是我的队员、战友、伙伴,原本希望带着他们走得更远,更好地发挥自己的潜能,却没想到会发生这样的情况。

加上技术开发、流程建立方面的问题,那段时间我陷入了低谷期,都不知道怎么带团队了。主管看我情绪不对,提醒我:"思杨,不管是技术探索,还是带队伍管人,都不需要一步到位、完美主义,要承认一些问题的存在,一时之间解决不了的就记下来,一点一点总会改变,这些都是成长的机会。"他的话给了我很大的安慰,也做了一次最好的沟通示范。

要想带出一支能打胜仗的精兵团队,PL 不能只看工作进展,而要看到每一个"人",关注团队成员的情绪和心理变化。如果我真的想做好"博导",留住宝贵的人才,必须通过清晰的、细节化的、有共鸣的目标和愿景,匹配团队成员的成长需求、个人意愿,激发团队成员的潜能。

从被气哭,到被暖哭

我决定先从邢博士入手。他是一个脑回路"清奇"的男博士,经常会在讨论问题时,就把人带偏了。记得有一次,讨论项目进展,因为对技术方案的测试分析思路存在分歧,我们争了半天还没形成结论。我又气又委屈,躲到实验室哭了好一会儿。

不过,慢慢地,我找到了和他沟通的诀窍,掌控节奏,多做引导。讨论方案的时候,我会先给出有力的预判框架,再让他天马行空地发散,尽管偶尔还会"跑题",但更多时候,他会出其不意地给出一个我想不到的点子,弥补整个方案的不足。这可能就是所谓的"扬长避短"吧!

2017 年下半年,我让他牵头做一个后台方案的设计,希望把他细致、缜密的优势发挥出来,可好几天了都没有进展。

"有什么困难吗?"每次我问的时候,他总是摇摇头,摆摆手,然后云淡风轻地说:"慢慢来,不要着急。"

哎,我能不急嘛!不过,说好了让他负责,就得放手让他干。他表面上波澜不惊,说不定脑子里正在高速旋转呢!所以我不打算催了，而是给他打气："那你加油！"

又过了几天，他提交了方案和 Demo 调试结果，很是惊艳！方案极其完备，不仅包含了整体设计，还给出了各种细节的针对性设计，列出了严谨周密的测试用例集，甚至还请软件部门的同事进行了补充和优化，完全是一个可落地的方案了。

"兄弟可以啊，你考虑得很细致，给力！给力！"我竖起了大拇指，给了他一个大大的赞。看来我的放手很管用，虽然一开始会慢一点，但最终他的表现却超出了预期。

看他对软件技术有一定实践经验和浓厚兴趣，2018 年上半年，我让他转而负责温度控制专项任务。他不仅出色完成了 EMUI（Emotion user interface，华为基于安卓操作系统进行开发的情感化用户界面）某版本的温控重构，实现模块解耦的发热系统控制，还逐渐成长为该领域的专家。

他一直比较高冷，不太会表露情感。但有一次，我发烧生病上医院，一直惦记着未完成的项目，想电话接入讨论，他特别霸气地拒绝了我："我做方案你还不放心吗，歇着吧！来上班我也给你拖回去！"听到他的话，我一下就哭了，不过这一回，是被暖哭的。

让博士所用即所学

我又把目光转向了团队里的黄博士。他来自中国科技大学，具有浓厚的硬件技术热情，擅长单点硬件技术的深入钻研，在校期间就做过很多项目，做事很有冲劲。入职以来，他一直负责"TOP 场景发热"问题的改进优化。但我发现，测试和交付的工作烦琐细碎，而且很多的发热现象分析下来都是由于软件异常导致的，这和他的技术背景与技术方向不符。

"你怎么想的？"我和黄博士沟通他的研究方向。

黄博士先是摆出了一副备受折磨的表情，然后半开玩笑地说："我是主管的小弟，主管要我干，我就干好！"

但我知道，过量的测试与交付不利于博士长期价值的发挥。他在工作结果上目前尚未表现出什么问题，但如果总是所用非所学，荒废了博士的常年积累，一定会影响他的工作状态。我必须主动给他加一把"火"。

"你的博士课题是硬件研究吧？还是做回你的老本行吧！"我提议道。

"那手里的活儿怎么办？"他有点顾虑。

考虑到当前的交付需求，我们商定好了一个过渡期。在过渡期里，将测试流程以及一部分的分析能力与工具知识固化下来，一部分实现自动化，一部分形成指导书并在部门内培训，同时将软件类问题汇总打包，合并到团队内邢博士的课题方向中。这样一来，黄博士就能被"解放"出来了。

从 2018 年开始，黄博士逐渐承担通信、摄像、漏电流等围绕硬件特性的相关产品的专项交付，干得特别起劲。现在，他张口闭口就是我听不懂的技术，有时候还会小嘚瑟一下："要了解细节，先缴费啊！"

而团队里的王博士也曾经一度因工作未成系统而感到迷茫。2018 年年中，我和他不断沟通业务痛点与技术方向目标，找到了可以发挥其特长的热大数据的方向，并带着他建立起了热指标体系与异常发热的识别系统，他也由此获得了很大成就感。

同时，我也在新领域不断学习，以强势的个人能力与风格给兄弟们打样。无论是温控软件开发需求，还是大数据着手分析、摸索指标模型，又或是新方向的论文调研学习、自动化代码维护等，我都冲在第一个，做到每个业务要 PL 上就能上。这是服众的基础，也是一个 PL 个人品牌与魅力的基础。

"20 级专家"和"呆萌的主管"

经过一两年的磨合，随着一次次顺畅的合作、一个个小问题的解决，我和我的博士团队慢慢找到了默契，建立了信任，并从发热源头、软件机制、质量模型、Beta 白盒故障注入、大数据指标监控等五个方面建立全面的热质量防护网，持续、有力地保障终端产品上市的热质量。

所谓事成人爽，我和团队成员之间的关系也越来越像家人、朋友了。大家干业务的时候，认真干；休息的时候，会互相开玩笑、讲段子。我会调侃他们是"20 级专家"，他们会调侃我为"呆萌的主管""傻傻的主管"。

记得有一年教师节，我开完会回到工位，看到桌上摆着好几张贺卡。"师父，谢谢你的关照和爱护，让我在这个最'不正经'的团队里干着最'正经'的事！""有你这样呆萌又能干的主管，真的很开心！""最可爱的主管，你白得发光，美得发慌，一定能找到很棒的另一半！"……我一封一封看着，突然就泪目了。

当"博导"这几年，我们有过争吵，有过失望，但更多的是共同成长，彼此欣赏。看着团队成员从新员工转身成为独当一面的技术牛人，看着我们的热质量防护网被广泛应用，成为评估、拦截、解决终端产品热风险的"利器"，看着华为手机在性能强劲的前提下，发热强度一年比一年优化，我觉得很欣慰，也很有成就感。

  去年，又有三名硕士加入智能热管理团队，我们的队伍更壮大了。我会继续努力做好"硕导""博导"，带着大家一起成长为真正的系统专家，在低发热、高散热技术上持续耕作，发光，发亮，但不"发热"！

（文字编辑：江晓奕）

算法倔驴和外籍大牛

作者：罗军

从"学渣"到"学霸"的逆袭

本科前两年，我是个典型的"学渣"。直到大三，我遇到了"移动通信原理"和"模拟电路"课程，才感觉自己突然开窍了，开始痴迷于通信。研究生期间由于热爱算法设计研究，我逐渐走上了别人眼中的"学霸"之路：先后参加和完成了两个通信算法研究设计项目，发表了四篇 SCI（Scientific Citation Index，《科学引文索引》）/ EI（The Engineering Index，《工程索引》）学术论文，以唯一一名硕士研究生的身份参加了 2012 年在美国西雅图举办的动态频谱学术会议。

作者

2013年硕士毕业时，由于学术研究成果较为突出，导师把我分别推荐给美国、新加坡和中国香港的三所学校去读博。同时，我也参加了华为算法工程师面试，成功拿到 Offer，工作岗位跟我的兴趣点十分匹配，加之薪酬待遇不薄，想着很快就能买房买车走上人生巅峰，我便毅然决定加入华为信道算法平台部，做微波算法的研究开发工作。

进部门后，我被分配做相位估计算法的相关工作。我的主管是项目经理兼 SE（System Engineer，系统工程师），他告诉我说，相位估计算法是项目中的一个重要特性，同时也是微波算法的核心技术及关键难点技术，我们必须在技术上全面超越竞争对手。

前脚踏进公司，后脚就能钻研前沿创新技术，我瞬间觉得价值感和存在感爆棚。虽然兴奋的劲儿还没持续多久，我就意识到，团队只有我一个人，但凭着初生牛犊不怕虎的精神，还是毫不犹豫地上了这条"贼船"。还好团队在第二年就补充了两名新鲜血液——陈亮、王颖，两名优秀的硕士应届毕业生。我于是带着这个平均年龄25 岁的年轻团队，担起了重任，开始解决这个影响着微波历代产品大容量传输的老大难问题——相位估计。

"勾搭"外籍技术大牛

相位估计算法就像自动调音器，将微波信号受到的实时干扰进行自动校正，将信号偏差降到最低，从而保证微波"这架钢琴"发出最美妙的声音。真正开始设计算法方案时，我才发现，这条路并不好走。在我们走得异常艰辛之时，却意外遇到了一位"贵人"。

2014 年 4 月，我听说公司内部算法技术论坛来了一位大神——

Ahikam，他有超过 15 年的微波算法设计经验。我加入华为后首次出差进行技术交流，这样难得的与大神面对面的机会怎能错过？我立刻申请参加这次技术交流。

交流会上，Ahikam 不仅对宏观算法架构造诣深厚，对理论公式推导和算法细节分析也驾轻就熟，我深为折服，准备会后抱一抱"大腿"。我向 Ahikam 发送了一条技术咨询信息，让我感到意外的是，他竟然及时回复了。

我们就这样开始了"越洋之恋"。即使加拿大研究所与成都研究所之间有 12 个小时的时差，也无法阻挡我的好学。我一有问题，就马上发信息求助咨询。

有一次，Ahikam 孤身一人来成都出差，预计深夜 11 点到达成都双流机场。当时我还没有买车，就自费租了辆车去机场接他，并送他到酒店安顿下来。

他出差这段时间，我周末带他去爬青城山，去看大熊猫基地。我发现我们都有比较热情开朗的性格。此次密切接触，让我们成为无话不说的好朋友，我们不仅讨论工作和技术，还交流很多有趣的事。

随着我俩友谊的不断升温，算法的讨论也有了突破性进展。在开始的前三个月，我们确立了一个大的研究方向，我和 Ahikam 分别进行独立的算法研究。在通过大量数据和理论抽象分析后，我发现了星座扩展的算法方向，初步验证性能较优。与此同时，他在加拿大研究设计出基于多相位处理的算法。

到底谁的算法方案更优？技术的事可不能让步，我们商量来场面对面的 PK。2014 年 9 月，我第一次飞赴加拿大渥太华。这是我人生中第一次一个人前往海外开展工作，一路上忐忑不安。

辗转两次转机，历时 32 个小时的飞行，直到在渥太华机场见到来迎接我的 Ahikam，心中的忐忑才得以舒缓。当时已是渥太华时间晚上 9 点，大多数餐厅已关门休息。他开车带我四处寻找餐厅，终于找到一家正准备关门的华人餐厅，向老板请求后，我终于吃上了离开成都之后的第一顿饱饭。

接下来的三周时间，我们对两种算法的理论原理、各种场景性能、算法复杂度和可实现性进行了全面分析，最终发现 Ahikam 设计的多相位处理算法在复杂信道条件下性能较优，且工程实现容易，我们决定选择该算法。

虽然败下阵来，但终于成功突破单通道相位估计算法，我依旧兴奋难抑。

车窗敲出的"Impossible"灵感

有人开玩笑说，"万事开头难，然后中间难，最后结尾难"。这虽是调侃之话，但放在算法研究领域却再贴切不过。单通道场景技术难题的解决，只是完成了项目 50% 的设计，应用场景更加复杂、设计难度更大的双通道，我们仍然没有较好的解决方案。回国后的一个月时间，我搜索了大量技术文献，但始终未能找到合适的解决方案。随着时间的推移，刚刚攻克单通道技术难题时的喜悦和高昂斗志也被渐渐磨灭。

"再找找 Ahikam 吧，看看他有没有新的想法？"无助之下，我再次联系 Ahikam。他建议从系统架构上进行优化设计，设计通道同步算法方案。这是一个全新的设计思路，犹如沙漠里的绿洲，也像是一根救命稻草，让我又重燃希望。在他的指导下，我开始对新方案进行性能评估和优化。三个星期后，新方案算法性能初步优化出炉，结果喜人。

"这个方案约束和代价太大，工程实现可行性太低了。"我与射频及产品架构团队 SE 们多次交流分析后发现，新方案对射频约束大、应用流程复杂，SE 的一席结论让我们不得不放弃通道同步算法方案设计，另寻他路。

"还有其他办法吗？"我再次陷入迷茫。2014 年 11 月的某天晚上，我乘坐的 307 班车一如既往地行驶在回家的路上。车厢里的同事半闭着眼睛休息，我却没有丝毫困意。我将脑袋靠在车窗上，把整个算法分析过程在脑海里回放，摇摆的车窗轻轻敲击着脑袋，突然一个想法涌上来："把一维空间算法扩展到多维空间，是否就可以解决这个问题？"

我迫不及待地把多维空间相位估计的设想告诉 Ahikam，得到的却是当头一棒："Impossible，too complicated"（"不可能，太复杂了！"）多维空间的算法复杂度是一维空间算法的平方，相当于 300 枚微波上一代芯片的资源总和，这么大规模的芯片目前全世界都还没有。

敢想：让"不可能"接近"可能"

"还有其他解决思路吗？"在一次沟通中主管问我。

"没有，我必须坚持下去。"这是我来公司一年多历经坎坷才一步一步孵化出来的算法雏形，它就像我的孩子一般，我必须将它从头到尾孕育成功，我想在华为做成一件自己主导的事情。

敢想，就有可能！我们继续大胆假设，先后提出了几个方案，却无一经得住严格的理论推导和优化，心中仅存的信念就像夕阳，一点一点被黑夜吞噬了。"只有彻底改变传统多维空间设计思路才能有出路"——基于这个思路，我带着小组成员，通过查阅大量文献、分析论证后，重新提出了简化多维空间相位估计算法，算法复杂度接近芯片可接受范围。

"Too risky."（"风险太大了。"）这一次，Ahikam对资源优化虽然给予了肯定，但是对性能风险依然忧心忡忡。他的担心并非没有道理，因为相位估计原理具有每时每刻随机变化的特性，精准估计非常难，但微波信号传输需要极低的错误概率，Ahikam担心新算法会有长期不稳定问题，如网上运行几天出现一次误码，这将影响华为微波产品大带宽传输的长期运行可靠度。

Ahikam多次向我强调了新算法的风险，这个风险也让我惴惴不安。团队成员在跟时间赛跑，也在跟自己的能力极限赛跑。

也许是幸运女神的眷顾，偶然间我在阅读一篇技术报告时发现了一种简单高效的设计思路，这给了我极大的启发。我们按这个思路，在原有算法上通过小幅度修改，设计了高效预补偿算法。新功能模块的加入，让算法性能进一步提升，大大降低了长期以来让我们惴惴不安的"Risk"（风险），同时也进一步降低了算法的复杂度。

经过三个月的攻坚战，我们终于完成了整个算法的方案设计和性能仿真验证。新算法的性能较上一代芯片得到了大幅提升。"Sounds good, I want to know more."（"听起来不错，我想知道更多。"）这一次，我们得到了肯定，人生第一次让自己一直仰慕的技术"大牛"认可自己，心中暗自窃喜，自信心也感觉在瞬间爆棚。

三个月来的付出有了结果，紧绷的神经一下放松了下来，利用喘息的间歇，我约上三五知己去参加体育活动，或是去看场电影，或是周末自驾到周边来一段小旅行，寻找溪水旁的茶社小饮一杯清

2016年作者在华为网络天下技术论坛发言

茶,偶尔也会邀约朋友来一场实况足球游戏比赛。

放松是为了更好地投入战斗,前面还有更艰巨的任务在等着我。

让"可能"变成现实

离算法落地仅有一步之遥了,我要让"可能"变成现实。

为了与 Ahikam 深入探讨简化多维空间算法细节,2015 年 6 月我又踏上了飞往渥太华的航班。抵达渥太华的第二天,我远程参加项目第一阶段点的评审,等待我的却是残酷的现实:当前方案将直接导致芯片成本暴增,产品化可行性仍然很低。评审专家明确指出,项目第二阶段点前算法复杂度必须进一步降低,支持芯片低成本设计。

"又想要大幅提升性能,还想降成本,这不是又想让马儿跑又不给马儿吃草？"我心中暗自抱怨，也开始怀疑是不是真的走错了，这么长时间的努力难道就要付诸东流？

渥太华的周末，我和 Ahikam 一起观看了中国与美国的女足世界杯球赛。虽然中国队以 0：1 负于强大的美国队，但中国女足姑娘们顽强拼搏的精神，赢得了全场观众的掌声。面对如此强大的对手，中国姑娘依旧如此勇敢，为何我们没有勇气克服眼前的困难？带着这份决心，我坚定地告诉 Ahikam，"I still want to go on."（"我还想把项目继续做下去。"）

接下来的两周，我开始了没有黑白的生活，白天与 Ahikam 讨论算法性能优化方案，晚上和国内沟通对齐。为了提神，白天我开始

2015 年作者与 Ahikam 在加拿大渥太华第七届女足世界杯现场

团队合影

尝试不加糖的苦咖啡,晚上就喝中国茶。

功夫不负有心人,在与逻辑团队的联合优化中,我们对每一个信号流的走向、每一个数学运算的等效转换、每一个乘法器的使用分布细节都逐一进行优化。经过团队两个月的努力,简化多维算法方案获得了巨大突破,在保持性能竞争力的同时,资源大幅减少至原始方案的万分之一,并成功落地进入微波新一代芯片中,扫清了微波新一代芯片的关键技术难题,实现算法竞争力业界最佳。

两年多来,我们与相位估计算法斗智斗勇,终获胜利。而我深知,人生漫漫，这只是我的一个起点，未来等待我的是鲜花掌声，还是另一个不可能的任务。

  回国当天，Ahikam送了我一瓶加拿大特产——Icewine（冰酒），并开玩笑说我执着得像一头倔驴。时过境迁，如今Ahikam因个人原因离开了华为，但我还时常跟他聊天，就像朋友一样。华为就是这样一个充满魔力的舞台，不仅能攻克世界性难题，还能结识世界级的技术"大牛"。希望我也早日成为这样的"大牛"。

（文字编辑：刘军）

勇闯巴格达

作者：黄媛

"……经过苏美女神身边，我以女神之名许愿，思念像底格里斯河般的漫延，当古文明只剩下难解的语言，传说就成了永垂不朽的诗篇……"

2019年10月，我第一次踏上巴格达的土地，为了和伊拉克客户直接对账。穿上八九斤重的防弹衣，坐在防弹车内的我，透过车窗看到了静静流淌的底格里斯河，脑海中忍不住蹦出年少时喜欢的歌手周杰伦的这首《爱在西元前》，幻想着千年前古巴比伦文明璀璨的景象。

因战事频仍，城市满目疮痍，到处是断壁残垣，早已没有了昔日的丰姿。我没想到，有生之年，我竟有幸一睹伊拉克的真容。

我想，如果不是来华为，我

作者

可能永远不会有这个机会。

"为什么每个月都是你发现的问题最多？"

2014年下半年，华为公司来南京审计学院举办招聘宣讲会。宣讲人讲述了财经专业在华为的职业发展方向，以及很多员工在海外的精彩经历，听得我热血澎湃，心生向往，当场投了简历，也是我投出的第一份和唯一一份简历。

当时很多同学去了银行系统或者会计事务所，而父母希望我回成都找一个安逸一点的工作，但我可能想得不太一样，我想去见识更大的世界，看看自己能走到哪一步。我想在华为，会计专业发挥的不仅仅是账房先生的价值，它应该更贴近业务，会给我更多不一样的体验。带着这样的憧憬和期许，2015年7月，我南下深圳，走进了梦想中的华为。

一开始是在账务管理部做AR（应收账款）核销会计。在很多人看来，这是一个特别没有技术含量的工作。我最初的想法也是如此。进来的头几个月，每天埋首于发票核销，感觉和当初想象的很不一样，没有成就感，我很是挫败。低迷的状态持续了一段时间，这种无所适从的压力大到还把自己整哭了，迷茫中的我主动找主管交流了想法，主管语重心长地说："在工作中不可能有人一直带着你，你要学会自己跑步上岗，多请教，多思考，多积累。"

我是个不会轻易认输的人，一旦下定决心做什么事就想努力做到最好。如果做AR，那我就要成为这一领域的专家。后来慢慢做深后，我终于明白当初眼里只看得到"发票"，是因为自己还不够强大，还不够了解业务。当把一件事做到极致，我发现AR会计并非核销发票这么简单。它是整个LTC（从线索到回款）流程的最后一道大坝，作为最后的把关人，我要管控住这个流程节点的所有风险。但怎么才能有足够的敏感性呢？唯有把触角向前伸，才能真正了解业务本身。我开始陷入疯狂的学习中，每天工作结束后就待在办公室搜索资料学习，涉猎应收账款、存货、收入等各种核算方案，同时向一线同事学习业务，对汇困、资金风险、客户交易特点、公司交付业务等有了更深的理解，就这样慢慢地培养起自己的敏感性和专业能力。

我们每个月结账期都会对应收账款减值准备进行数据审视分析。记得2016年有一个月，我在审视某个高风险国家应收账款减值准备核算数据时，发现既没有收入确认，又没有开票，但是坏账费用却比原来多出了100万美元，这会对代表处的损益造成影响。我很不解，回溯发现是核算方案本身有缺陷。发现这一问题后，我立刻找业务中心对标，最终修复了该问题。当年我共审视出涉及2000多万美元的坏账费用数据异常问题，并进行调整，以保证财报稳健，数据质量可靠。此外，通过对历史遗留数据的深入挖掘，与政策中心专家讨论方案、与客户核对等，共清理历史异常预收款1700多万美元。

还记得师父有一天对我说："为什么你每个月发现的问题都是最多的？"我想，师父这句话某种程度上也是一种认可吧。有些问题并不会被轻易发现，只有具备了深厚的专业功底和敏感性，沉下心来抽丝剥茧，才有可能去发现并解决这些问题。从那以后，我开始变得自信，敢于发声，在团队中渐渐找到了自己的价值。

伊拉克零现钞支付　再也不怕现场数钱了

2018年开始，我成为中东应收账款验证团队负责人，到2019年上半年，又过渡到两个国家 AR、存货、收入等多模块核算团队的负责人，对不同模块的业务有了更多的了解，从入职之初就藏在心里的外派想法冒了出来：我想等我变得强大一些，带着这些积累再去海外历练，真正帮助一线业务解决问题。

机会很快来了。2019 年 7 月，主管问我愿不愿意去伊拉克出差，负责代表处账务所有模块的管理，是锻炼，更是为我的 CA（总会计师）梦做铺垫。主管说三件事很重要："客户对账很困难，历史上从未直接对账签返；银行推行工作要顺利平稳，确保支付连续性，同时伊拉克是中东唯一一个现钞结算的国家，出纳每月大额取现很危险，管理也有风险，要考虑是否可以切换；梳理清楚当地对外合规遵从的税务和账务规则。"

我毫不犹豫点了点头。我想，这些事情很重要，主管派我去是对我的信任，我想去把这些问题都解决了，既然给了我一个机会，我就想牢牢抓住它。

"怕不怕？可能会有动乱。"主管关切地问我。

说真的，我并不害怕。可能是好强吧，我总觉得，还有那么多同事在伊拉克呢。他们都可以，为什么我不可以？而且我之前对接过伊拉克的账务工作，我们的办公地点主要分布在巴格达、苏莱曼尼亚、埃尔比勒三个城市，巴格达饱受战乱之殇，另外两个地方比较安全。但是我没敢直接告诉爸妈，我试探性地问他们，如果让我常驻伊拉克，你们觉得可以吗？爸妈死活不同意。后来我改口："我要去苏莱曼尼亚出差了，离迪拜很近。"爸妈不知道这是伊拉克的一个城市，只说出差注意安全。我窃笑，买了一个超大的行李箱，收拾了一堆行李，在盛夏的 8 月向伊拉克进发了。

伊拉克本地支付体量大，业务场景复杂，风险高。我印象最深

与伊拉克财务部聚餐

的是,我问巴格达的本地出纳"每次去银行取钱怕不怕",出纳告诉我,她每次去银行取钱都胆战心惊,超过2万美元一定会找个人陪同。她曾亲眼见过有人取了钱刚走出银行就被劫匪抢走了钱。而且,本地支付人工效率较低,不仅每天要跑银行,还要管理权签人三地办公的动态,不能延迟给供应商付款,以免造成供应商投诉或者民生类业务停服等影响业务运作的事故。如果改成网银支付,不仅高效也会降低安全风险,这一切坚定了我一定要取消现金支付、减少本地支付的决心。

我一边"啃"本地支付操作指导,一边学习其他国家的推行经验,将推行过程中遇到的问题一一记录下来,并例行与资金、支付中心

BP（Business Partner）、支付经理开会讨论分析解决方案，一笔一笔分析是否可以优化，逐渐描绘出了一张本地支付的全景图。

但是向银行推行还是遇阻。本地资金经理告诉我，新推行银行因为我们的备用金、伙补等无发票支撑，不接受付款。每次问都是同样的答案。这是华为在当地唯一有网银的支付行，对于取消现钞、优化本地支付很关键，我们必须争取。我仔细思考了一下，这些支付业务本质上是有发票支撑的，只不过是消费在前、发票在后，可能是银行对我们的业务不了解，于是我找资金经理帮忙一起面见银行负责人。针对银行提出的风险和担忧，我打开本地支付的全景图，向银行解释我们的核算和控制逻辑，最终银行接受了这类付款场景，顺利切换成网银。

最后，除了根据本地政策实在无法采用网银支付的场景，我们实现了78%的本地支付优化上网银，同时除了北部一年一笔的现钞纳税外，其余全部实现零现钞支付。

事后想想，支付无小事，失败了可能会失望，可如果不去尝试，怎么会有成功的希望？

第一个踏入客户办公室的中国女性

2019年10月，为了"啃"下和客户直接对账这块硬骨头，我从苏莱曼尼亚飞到巴格达。主管担心我一个女孩子不太安全，刚巧有个男同事也要去巴格达，我俩便结伴而行。

下了飞机，扛着长枪的安保人员开着安保车来接我们，一见面先递上两件八九斤重的防弹衣，前面还有一辆安保车护航。我这时才感觉到电影大片里才会见到的场景，这回是真的发生在了我身上。

从机场出来，车内谁也没说话，气氛有点紧张，但我心里却有一点小兴奋，原来这就是传说中巴格达的样子。周围的建筑看上去完好，天桥还有绿化，我一度以为巴格达作为首都要比苏莱曼尼亚繁荣。但再往城区走，因为战乱不休，四处都是破败的景象。底格里斯河河面很宽，我忍不住想象作为世界两河文明发源地之一，这里的人们过着怎样的生活，经历了什么样的沧海桑田。

车子开了约莫30分钟后，我们到达代表处在巴格达的办公点。院子四面是高约三米的围墙，上面布满了铁丝网，铁丝网上装着摄像头，荷枪实弹的安保人员24小时监控着院子周边的环境，如同铁桶一般，保护着大家的安全。中方厨师在院子里还单独开辟了一块地作为小菜园，种着上海青等蔬菜。唯一的休闲设施是一个篮球场，据说每天晚饭后一部分人打球，一部分人就在篮球场边遛弯。遛弯也是我后来唯一的娱乐方式。我是当时在巴格达的唯一一名中方女员工。一切安顿下来后，第二天，我立刻请财务经理帮我约客户直接对账。

AR验证是我们与客户就双方的应收应付款进行验证核对，确保公司应收账款准确，并能及时回收，同时了解客户PTP（采购到付款）流程和我司LTC流程，因此AR会计也成了会计里和客户接触最多的人。对账验证困难一向都是难点，但这不是我第一次和中东客户直接对账。以前和客户对账时，我还碰到过对中国文化感兴趣的客户，一开始不愿意对账，只愿意跟我聊秦史的窘况。幸好几年的历练下来，我对客户关系已经有了一些认识，明白唯有专业、真诚才能打动客户。

这一次，巴格达之行，我也做好了准备，要全力完成签返对账，澄清差异，助力回款，从根源上解决验证和核销问题。当然，对困难也有一定的预期，发票核对量大，客户的入账逻辑与华为不一致，方法不同使得老账审核销严重；客户方感知差，对账意愿低。

但让我没想到的是，这次对账之难远超预期。

客户是Z集团在伊拉克的子网，与华为合作多年。我第一次拜访客户财务总监时，他很重视："你是这么多年来第一个踏入我办公室的中国女性，我会安排财务经理和你们对账。"

似乎是一个好的开头，但当我刚打开账单，客户财务经理就狂吐槽："你们的对账逻辑和我们不一致，没法对。""这是你们华为内部的问题，与我们无关。""发票核对量太大，我们没有时间。"驳得我满脸通红。

我明白和客户硬"杠"是不行的，于是向客户表达诚意："这是我们第一次面对面对账，我们不太清楚逻辑会导致对账不一致，这似乎是对你们不太友好。这次就是希望一次捋清楚，能做出一份让你们满意的对账单。"客户态度缓和下来，提出了五条意见，我回去后把每一张发票按客户的需求分门别类进行整理，并分析得出结论。但当我第二次再约客户时，客户就不见我了。

无预约不能直接硬闯客户的办公室，可是事情不能久拖不决，我决定到客户楼下"逮"他。但是客户不想见我，推说他在开会，我无功而返。我不甘心，又去了一次。这一次客户下楼来见了我，却再一次拒绝对账，让我回去。连吃了两次"闭门羹"后，第三次我改变了策略，让我们的客户经理带着我和PFC（项目财务）上了楼。上去之后，客户还是说他很忙，我就找了一个茶水间，特意坐在客户能看到我的地方，一边干活一边等他抽出时间来见我。等啊等，等了两三个小时，等到他快下班时，客户终于出来跟我说："我们可以一起看看这些发票。"

看完我修改后的对账单，客户说："这是华为发给我们最专业、最清晰的对账单。"客户很忙,并没有太多的时间给我,每次我都努力抓住一切机会和他当面核对一部分。就这样,一点一滴地"磨",对账终于接近尾声。

突然有一天,巴格达发生了暴乱

这期间还发生了一件事,火箭弹袭击了巴格达。那天晚上正在办公室加班的我,突然听到了警报声,代表处通知说收到消息,局势会恶化,将安排包机撤离。慌乱无比的我跟随人流从办公室跑到了院子里。之后,代表处给每人发了一件防弹衣,说大家收拾下东西10分钟后集合。第一次遇到这种场面,我很害怕,冲回宿舍的路上还在胡思乱想,我要是彻底出不去了怎么办?要是半路被拦截了怎么办?回到宿舍,我也没多想,把衣服、护肤品一股脑儿地胡乱往箱子里塞,之后满头大汗拎着硕大的箱子往楼下走。不知道是箱子太重,还是吓得腿软,我根本跑不动。好不容易再次回到院子里,惊魂未定时,我却听到代表处说:"这是一次撤离演习。但如果真的撤退,不要拿大箱子。"我很囧,再看周围,可能也是来出差的几个男同事,拎的箱子比我的还大。安全顾问告知大家:"这种时候拿上证件、电脑和钱赶紧撤,其他都不重要。"

尽管只是一次逼真的演习,但是我也第一次真正感受到了局势的紧张。没几天,巴格达突然发生暴乱,客户不上班了,我们也不能出门了。我心里很着急,不知道暴乱会持续多久,对账还差一点就完成了呢!

我发邮件问到了客户的社交媒体联系方式,之后每天早上我都会给他发去问候,希望他和他的家人一切安全,偶尔还会聊聊天。

那几天，每天都能不间断地听到枪声，有时候半夜还会被不知哪里突然响起的枪声吓醒。形势有些危险，我这才跟父母说了实话。父母很着急，虽然有些责怪我先斩后奏，但还是每天都要让我发消息确认我的安全。我让他们放心，告诉他们代表处的安全保障做得很好，而且同事们都很照顾我。主管也很担心我的安全，希望我先从巴格达离开，但是我还不想走，我想走完这万里长征的最后一步。

等到局势差不多好转时，得知客户上班的第一天，我和财务经理、PFC立刻去了客户办公室。这一次，我们坐下来一起把账对完了，也核对清楚了每一笔历史发票，客户也同意支付过往漏付的部分。但是我还有更大的"野心"，我想和客户建立起良好的客户关系和远程对账机制，这样我们的AR会计不用再到比较危险的地方出差就可以核对清楚每一张发票。

可能是经过暴乱期间的互动，客户非常友好，打开了他们的账务系统，向我们说明了他们的系统的复杂逻辑。我们把所有的疑问都抛了出来，趁此机会建立起了远程对账机制，实现了我们和客户的双赢。

巴格达之行，对我来说，真的非常宝贵，我觉得自己人生完整了。如果没有对账，我不会有机会见识巴格达真实的样子，而且也算是不辱使命吧，想想还挺心满意足的。

来华为近五年，我很幸运。公司给了我很多机会，让我不断去历练，体验基层管理，体验出差见客户的生活，让我更懂得业务，视野也更开阔，这可能是在别的地方得不到的。我也感谢公司让我发现了自己的潜力，原来我能做的还有很多很多。

沙漠骆驼有着旺盛的生命力和十足的韧劲，未来我将继续奋斗

作者在伊拉克年会担任主持人

在中东这片热土上,我希望自己像沙漠骆驼一般,勇往直前,用专业诠释价值,用韧性克服困难,每一次挑战都收获满满,每一次远行都熠熠生辉。

(文字编辑:肖晓峰)

一个客户经理的修炼

作者：崔纹野

  这可能是我本月第三次在客户的大堂，眼巴巴地等着客户 CTO（Chief Technology Officer，首席技术官）了。

  过去的这一个月，由于我初来乍到，首次见客户 CTO 就"失误"了，他委婉而不失礼貌地拒绝了我好几次邀约。眼下，我只能在客户公司的大堂守着，看看有没有机会碰到他，和他说上话。

  远远地，看到客户 CTO 从外面开会回来了，我赶紧迎了上去。

  从大堂到电梯间，再到他的办公室，这一路可能有五分钟的时间，我知道，决定我命运的这五分钟，降临了！

真诚又友善的博茨瓦纳

  我叫崔纹野，目前是华为公司博茨瓦纳办事处的一名客户经理。来华为之前，我来自传说中的"甲方"——国内某运营商，是一名客户经理。平日里，我就经常和来自华为的小伙伴们打交道。

  让我印象很深的一件事，是有次一个华为兄弟和我回忆起他在非洲打市场的峥嵘岁月。看着他说话时眉飞色舞、滔滔不绝的样子，我心生羡慕。说来惭愧，作为一个土生土长的北京爷们，从读书到工作，我竟然都没有离开过北京，听着他对非洲那充满野性和自由的广袤天地的描述，我的热血直冲脑门：我也想去非洲的广阔舞台上驰骋！

行动力极强的我，立刻开始准备应聘华为。其实当时原公司正准备给我升职，但这一切都抵不过我内心的一腔热血。就这样我从华为的客户，变成了华为人，从北京来到了深圳，经历了

作者

七个月的培训之后，2019年6月终于奔赴我的梦想大地——非洲，成为博茨瓦纳办事处的一名客户经理。

当飞机降落在博茨瓦纳首都哈博罗内时，我在小小的机场里就已经感受到这个国家独特的魅力。在来之前，我曾经在网上做了一些功课，了解到非洲这边有小费文化，本来已经做好了心理准备，谁料到一下飞机却迎来了"惊喜"：无论是在机场里求助工作人员时，他们的耐心回答，还是在商店里购买本地电话卡时，售货员热情的介绍，还有在到达大厅与本地司机接上头，他那亮晶晶的眼神，都让我感受到了这个国家民众的真诚友善。

去办事处的路上，我透过车窗忍不住开始"打量"起这座城市。作为博茨瓦纳的首都，哈博罗内整体不是太"摩登"，从道路两边的建筑来看，和国内四五线城市水平差不多。一个转弯，我发现这

里还有些道路是土路，有牛在路上悠闲地走着，路上奔驰的车辆，但很多也是国内十几年前的款式。华为的办公室地处首都最繁华的CBD，这里的CBD地段虽然没有如北京那样高楼林立，但是一簇簇低矮楼群也给人一种舒适的感觉。与华为其他办公地方一样，我们的宿舍干净宽敞又整洁，各种设施一应俱全，还有中国厨师。说实话，来的第一天我心里挺满意的。

不过，我没想到，工作上的挑战很快迎面袭来。

出师不利的首秀

博茨瓦纳一共有五家主流运营商，华为在当地的通信行业已经占据主流市场，我主要对接的是博茨瓦纳固网二牌的Y公司。对于小国的通信客户，一个客户群就由一个客户经理负责。也就是说，上到董事会CEO，下到工程师甚至门卫，都要由我一个人负责。如果客户群不够大，通常产品经理和交付团队也都是共用资源，这样的情况就决定了小国的客户经理必须是一个全面且更有韧性的客户经理。

我之前有工作经验，刚来的时候信心还比较足，但是随着业务的开展，发现自己似乎想得简单了一点。首先是语言上的不熟练，刚开始我用英语和客户交流总有点磕磕巴巴；其次是专业上的"生涩"，我入职时虽然经历了七个月的培训，但更多的是理论知识的学习，俗称"纸上谈兵"。如今在哈博罗内，我要直接和客户面对面交流，正如文章开头提到的那样，初次与客户CTO见面，我就"悲剧"了。

其实在见客户CTO之前，我是做过很多准备的，比如熟记华为产品和技术的相关知识，但是客户CTO作为首席技术官，刚和我寒暄完就单刀直入，直接问了我几个现网具体问题的定位解决方案。我一听就懵了，我确实不够了解现网情况，根本没法立刻答上来。这时我才感觉到，在华为当客户经理，和自己以前在国内其他运营商公司当客户经理还真的不一样。以前我的客户主要是政府和企业，对他们内部的架构多多少少都有些了解，起码能说个大概。而如今，我的客户变成运营商了，可是对他们的现网，我还没有沉下去好好了解过。

初次见面，我就铩羽而归，这给我的非洲热血之旅浇了一盆凉水，我的工作随即也进入了低谷。由于"首秀"失败，客户不愿意再和我沟通，每次约见都被拒绝，那段时间我很有挫败感，但绝不愿意就此认输。

我是一个长跑爱好者，在哈博罗内只要有时间都会去跑几圈，长期的跑步也让我有了感悟：一定要有耐性，遇到困难时不能放弃，坚持到最后总会迎来海阔天空。我曾经很讨厌跑步，讨厌那种呼吸不过来大喘的感觉，后来偶然间发现，其实很多热爱长跑的人自己也累，但是凭借着耐力，熬过那个最难受的阶段，就会迎来 Runner's high，特别爽！跑步的哲学与为人处世的哲学有很多相通之处，我们的生活和工作都是这个道理，熬过去就是柳暗花明。

所以，我现在就是在长跑最难熬的阶段，只能也必须自己坚持熬下去。在被客户拒绝的那段时间，我除了找机会和客户说上话，最主要的努力就是提升、充实自己：熟悉当地和该运营商的情况，了解背景信息，恶补各类知识，向同事请教，做市场分析和洞察，思考客户业务发展的方向等。

电梯间的五分钟

终于，我的"长跑"迎来了转机，在这天，就在这五分钟，就在我和客户共同乘坐的小小的电梯间里。

我陪着客户从大堂走到电梯间,又和他一起上楼。和客户CTO先生寒暄了几句之后,我直接进入了主题,首先和客户简要说了一下他们现网存在的问题以及解决方案,然后基于我前段时间对客户准备发展宽带业务的了解,将我做的市场调研情况也给客户介绍了一下,告诉他哪些区域适合先行发展,应该采用什么模式开展……

我说着说着,发现客户CTO看我的目光变得柔和起来。出了电梯,他的脚步也越来越慢,似乎很有兴趣听我说话。不知不觉我们已经从电梯间走到他办公室门口了,他一个伸手:"我们进去谈谈吧!"邀请我进入他的办公室,继续详谈。

就这样,靠着五分钟的逆转,我成功地扭转了客户CTO对我形成的负面的初次印象。其实我自己也知道,我说的那些市场分析和观点,并不见得比客户CTO想的高深多少,只不过在很多思路和观点上,我们不谋而合,在同一个频率上。这让他感觉到,我不仅仅是在卖华为的产品和技术,也会站在他的角度,替他去多考虑一步。

和客户CTO熟络了以后,他也直言不讳地告诉我,第一次见面时他对我的印象的确不是很好,觉得我对客户不熟悉,准备不充分。但是一个月过去后,他明显感觉到我做了很多功课。他喜欢肯学习的人。所以,在接下来的接触中,他提出问题后,我只要不明白就立刻去学习。他告诉我:"我也知道你们很多东西不懂,没有关系,你和我说你不懂,但是你去学习,我们可以一起探讨,最后能解决我的问题,就够了。"

就这样我一步一步获得了客户的信任,后来在客户的重要项目中被"诚邀入场"。

"我们只接收你深夜 2 点的邮件"

当世界上其他地方已经开始掀起 5G 浪潮时,博茨瓦纳连首都地区都还在做 4G 网络的优化和提升。当中国和欧洲的一些国家已经普及百兆宽带时,这里很多地区还在使用 ADSL 上网,当地人民的上网体验很差,网络费用还很昂贵。

为了改善这一点,Y 公司这边决定部署光纤入户,并且首选华为,签署了实验局项目,想看一看华为的产品和技术的实力,以及交付能力到底如何。这是一个 CBD 地段的实验局,是各种政要名流的宅邸、商业中心集中的核心地带,我们称之为 VIP 区域。客户对于这个实验局非常重视,要求必须在一个月内快速完成、高质量的交付。

我们常为"华为速度"骄傲,因为华为的交付速度已经很快了,但是这样一个项目一般来说也需要两个月才能交付,如今客户的期望值缩短了一半,看着客户那充满期待的眼神,我们只能坚持"办法总比困难多"的信念了。

作为一名客户经理,我是客户和华为之间沟通的桥梁。那段时间我这座桥梁承受了前所未有的压力。白天要和客户沟通,和交付团队一起上站点;晚上与团队一起对项目进展,发邮件给客户,汇报项目进展和第二天目标,经常忙到晚上一两点。我想着客户既然如此重视这件事,最好是让他们对进度有个即时的了解和掌控,所以每天以日报总结的形式给客户的 CEO 和 CTO 传递最新信息。

那段日子拼了老命,后来得到了最好的回报——在整个团队的努力下,华为基本按期完成了交付。实验局的成功,让客户对华为更加信任和满意,这也为后来双方更多的合作打下基础。随后客户就与我们签署了价值数千万美元的项目,成为该客户历史上最大的一单合同。而华为，也即将给博茨瓦纳带来新的变化。随着光纤入户项目的大面积开展，将有更多的当地人从2M、4M的带宽，飞跃到50M甚至更高的带宽，用更加实惠的上网费用，享受到稳定流畅的上网体验。

这个项目还让我令客户高层人员中流传下来一个梗儿，他们会开玩笑地和我说："以后邮件必须深夜2点发过来，否则我们不接受。"原来在当时，我每天深夜2点发出的邮件让他们很震惊，因为早上8点多他们又会在办公室里见到神采奕奕的我，客户们一度都怀疑我是不是不用睡觉，觉得我是不是修炼了什么神奇魔法。其实哪有什么魔法呀，全靠跑步时修炼出来的韧性和耐性，支撑着我度过那段时光。

现在，我来博茨瓦纳虽然不到一年，但我已经深深爱上了这个国家，爱上了这里真诚善良的人民，爱上了我们团结友爱的办事处，爱上了这里得天独厚的自然资源——博茨瓦纳曾经被旅行圣经《孤独星球》评为世界"十大最佳旅行国家"的榜首国家，这里有世界面积最大、风景最美的绿地奥卡万戈内陆三角洲，可以乘坐越野车在辽阔的大草原上追逐猎豹、狮子和斑马的迁徙足迹，还可以在国家公园里看到百兽齐聚的壮观场景……

最重要的是，我也拥有了"非洲故事"，拥有了可以眉飞色舞讲给他人听的难忘经历。如今，心间热血未凉，我愿继续在非洲这片宽广大地上贡献自己的小小力量，让更多人的生活得到改善，在万物互联的智能世界里一起欣然向前。

（文字编辑：霍瑶）

第三次长大

作者：魏达久

读书时，我最喜欢的小说是《西游记》，百看不厌；最喜欢的人物就是猴哥，他身上的那股子上天入地、无所畏惧的劲头，让我佩服不已。作为一名 90 后，我渴望挑战，更希望自己的人生像猴哥一样"勇者无敌"。

不服？就证明你的水平！

2015 年年初，通过朋友的推荐，我经过了三轮面试的考验，拿到了华为 Offer。来华为之前，我已经有四年多的工作经验。对于这次跳槽，内心最真实的想法是：要跳就跳高点，不然都白跳！当时我正在筹备婚房，经济压力不小。华为作为通信行业的老大，不管是薪酬还是发展平台，都能解我燃眉之急，所以我果断选择了华为。

入职后，由于我是社招员工，所以大家也没拿我当新人用。我先后支撑西班牙 T 运营商 IP+ 光互通、V 运营商传送设备互通等几个大项目，有幸被传送网和武汉研究所同时评为优秀新员工。那时的我，踌躇满志，感觉一切都那么完美，憧憬着美好的未来。

作者

直到有一天,我听一同入职的新员工说,我们中有一小部分人,转正就可以升级。于是,我兴冲冲地去 W3(华为内部工作平台)查职级,却被浇了一盆冷水。哪有什么转正升级?我被满肚子的委屈和不甘心怂恿着,一个电话打给了主管飞哥,准备问个明白。

电话"嘟嘟"响了半天,让我越发焦灼。好不容易接通了,我努力压着内心的不满说:"老大,我好歹也是有工作经验的,转正期大家也比较认可。为啥我还是社招零蛋?我同学职级都比我高,我不服!"

飞哥一顿安抚之后,就开始语重心长地"骂"我:"你这小子,你进公司是我忽悠的?谁说经历就完全等同于能力,你同学多少级那也是他脚踏实地干出来的啊!有什么不服气的?是金子,谁都遮不住它的光芒。不服?就证明你的水平!"

主管一番话骂醒了我。我扪心自问:有工作经历,是不是就证明比别人强?结果,答案让我心虚。千金难买早知道,这之后,我铆足了劲要证明自己。接下来几年，我沉下心来，努力用付出换成长，累计五次绩效为 A，如愿以偿，连升二级。

后来每次提到这个事，飞哥就笑我说："你看，我说的没错吧！成绩都是干出来的，你就撸起袖子加油干吧！"

入职一年，主动请缨 PL

2016 年下半年，TSDN I&V（Transport-Software Defined Network，软件定义的传送网；Integration & Verification，集成和验证）解决方案组 TSDN 集成与验证部解决方案组原 PL（项目主管）去其他岗位，需要一名新的 PL。在华为，PL 是研发最基层的管理者，既是队长，要带领项目组按时保质完成业务，又是教练，通过培养人、关注人，打造能打硬仗的战斗型团队。

我觉得这是个不错的机会，心里蠢蠢欲动，但我才入职一年，有戏吗？纠结了半天后，我还是忐忑不安地给 LM（资源线主管）发去消息："我有意愿，能让我试试吗？"在等待主管回复期间，我心里七上八下：如果公司给机会，我做不好怎么办？如果不给机会，那是不是对我能力不认可？

就在纠结时，我收到了主管的回复："挺好挺好，年轻人愿意挑担子是好事。要不，先跟着测试系统专家学习半年？试试看，自己也找找感觉。"有戏！他的话给了我很大的信心。作为一名 90 后，我信奉"战术有千百条，头一条是肯打"。有挑战就会有机会！

顺利上任后，我遇到的第一个难题是带新人。记得在一次重大的比拼测试中，刚转岗三个多月的新员工小邓，第一次去现场对接客户，和友商正面较量。这是一次难得的实战经历，但临出发前，我发现他有些低落，情绪不高。

"怎么了？有顾虑吗？"我赶紧问。

"我担心自己没经验，把项目搞砸。"小邓眼神闪躲，怯怯地说。

我从他身上仿佛看到了曾经的自己，新人最缺的是自信，于是鼓励他："没有人天生就是有经验的，我也是第一次做 PL。经验是干出来的，我们一起行动起来，不怕干不好。"

小邓点了点头。接着，我把自己参加对外测试的经历共享给他，并和他一起制定对应的项目策略和注意点，把最完善的准备做在前头。后来，小邓也不负所望，克服了第一次恐惧，圆满交付了项目。

经过这件事，我似乎懂得了"以新带新"的秘密，那就是"以心换心"，在关键时刻带着他们去战斗，打破零经验的心理阻碍，一起拥抱成长的酣畅淋漓。

"谁说 90 后不靠谱！"

不过，勇气固然可贵，方法也很重要。随着自己的成长，我也体会到了另一句话：肯打不要乱打，策略要想清楚。2016 年到 2017 年，是 TSDN 产品商用从 0 到 1，再从 1 到 N 快速发展的关键期，客户诉求多了，问题也多了，团队需要每个人成为场景精兵，具备应对多个局点交付的能力。

然而，如果还是遵循熟悉的习惯、熟悉的路线，永远不会有奇迹发生。我们要做的就是打破习惯，让大家从忙于交付的惯性中脱离出来，通过同类场景建设，实现由一个局点交付到一类局点交付的转变。这样一来，可能 100 个问题就能被归类为 10 个问题，大大提高效率。

那么，摆在面前的第一个问题就是——什么是场景？我查了"度娘"，发现在影视剧中，场景是指在特定时间、空间内发生的行为或画面。我像被灵感击中了一样，思如泉涌：既然是特定的，就意味着可以进行分类。来自客户的需求和问题看似庞杂，追根溯源，都能按照特定的标签进行归类。这就好比去医院看病，每个病人的症状都各不相同，有人发烧，有人头疼，还有人肚子疼，但都能很快分配到特定的科室去治疗。

我们要做的就是建立一套完备的分类"诊疗"流程："病人"（客户）看病，先找"前台"（市场技术团队）诉说"病症"，"门诊医生"（系统工程师）对关键点进行梳理，初步判断"病症"原因，然后交由"专科医生"（测试系统工程师）进行检查和治疗，最后由"体检科医生"（场景测试组）来确认"身体"整体情况。

我从市场技术团队、系统工程师、测试系统工程师、场景测试组这四个不同角色的维度，分别总结出面对同类客户对应的"套路"，并把这些方法拼成完整的场景"魔方"，无论客户反馈什么需求和问题，都能迅速进入对应的流程。

有了方法论，还要能落地。怎么调动大家建设场景的积极性？我想，星星之火，可以燎原，先点亮一个火种，撒下去。我找到了团队里经验丰富的老万，一起在哥伦比亚 IP+ 光局点做试点，用场景模板分析测试方案，很快做出全套解决方案，获得了项目组的认可。最终，项目不仅顺利中标，交付质量和速度也获得客户的认可。在这个过程中，我们也通过在团队中一次次分享，持续传递信心，点燃了兄弟们心中的希望。

有了这个撬动成功的支点，场景建设在团队中迅速铺开，成功支撑了多个版本的上网，交付了 TSDN 十多个商用和演示局点。同时，我所在的团队因为能力建设突出和卓越交付,获得当选部门活力组织的荣誉。每次谈起我,老大们总免不了打趣:"谁说 90 后不靠谱,我看你挺靠谱!"

从 10 秒到 2 秒

接下来,我带着团队一起攻克了更多难题。

随着 4K 时代的全面到来,德国媒资市场竞争惨烈,A 媒体作为德国电视一台和德国最大的公共广播媒体,2017 年正式招标。行业 TOP 运营商 V 邀请我司作为战略合作伙伴,为其量身定制 TSDN+OTN(Optical Transport Network,光传送网)高品质网络解决方案。

仔细剖析客户情况后,我们发现,客户过去的方案是由三家不同设备商提供设备,维护费用高,而且设备老旧,需要大量投资改造。

与其修修补补,不如另起炉灶。思来想去,我们觉得"3 合 1"的新方案最能满足客户需求,采用波分设备进行端到端的业务布放,并引入 SDN(Software-defined Networking,软件定义网络),实现网络智能化转型,也刚好匹配了 4K 时代的需求。

但这个方案也有一个短板:业务发放时间需要 10 秒。而客户的标书里白纸黑字写着:2 秒必须实现业务发放。

如何与秒速竞跑,完成从 10 秒到 2 秒的极速优化?作为项目局的局长,我知道这是绕不开的一座山。要一口气攀过高山不现实,但可以分解难度,一步一步来。

我带着大家把每一个部件掰开来看,逐一优化耗时。这就像"绝密 543"部队,缩短导弹发射时间,从 8 分钟到 6 秒,成功把敌机击落。秘诀是什么？就是全营一杆枪，一分钟一分钟地抠"水分"，把每一个环节的时间压到极致。

第一轮优化过后，总耗时缩短至 8 秒，但接下来却再也没有明显改善。这就像以为自己打开了一扇门，现实却告诉我，那仅仅是一缕微光而已。

怎么办？如果单一环节的优化不能解决问题，有没有别的招儿？连着几天，我都在胡思乱想。突然有一天灵光一闪，这就像拼乐高，如果不能改变单个乐高积木的大小，是否可以改变乐高之间的组合方式？

沿着这个思路，我们尝试在部件之间去寻找突破点，通过对比时间差异，果然有发现——C 部件和 A 部件之间通信耗时有 3 秒多，远远超出正常通信的毫秒级用时。这是什么原因导致的？

在我百思不得其解时，组里 SE 随口说的一句话打破了僵局："3 秒不就是部件注册认证的耗时吗？"一语惊醒梦中人。是啊，这两个部件之间采用的是短连接，这就好比一辆车要经过数个中转站，每到一个站点都要刷一次卡，费时。但只要把短连接改为长连接，就可以省下这些时间。很快，我们把业务发放时间压缩到了 5 秒，距离"2 秒"的里程碑，又近了！

思路打开后，一切变得更顺利了。顺藤摸瓜一看，多次交互的问题在很多部件中都存在。每一次的交互指令，都要等到上一次的指令处理完并回复响应后才下发。这就好比采访，如果你问一句，对方答一句，听到对方回答后，再问下一个问题，就要用很长时间。但如果改变一下指令回复响应的方式，你问一句，对方听到先答复"已收到"，但不具体做完整答复，此时你继续问第二个问题，对方同步准备第一个问题的答案，整体流程就加快了。我们用这个办法最终实现了 2 秒的目标。

从 10 秒、8 秒到最后的 2 秒，看似几秒钟的优化，其实经过了漫长的探索。跨五个部门、四大产品部件的研发同事，经过上千次的摸底测试、瓶颈分析、优化方案讨论和多次迭代改进，共同达成了最终目标，这也是全营一杆枪的胜利。让我开心的是，我们不仅助力一线成功拿下项目，也把 TSDN 产品竞争的优势提升到了新的高度。

回望整个攻关过程，就像和小伙伴们第一次攀登泰山，原以为山高不可攀，而一旦入队待发，背上探险的行囊，就不会停止前进的脚步，登上山顶那刻回望脚下，一切皆是风景。

人的一生，可以长大三次。第一次长大，是发现自己不是世界中心的时候；第二次长大，是在发现你即使再怎么努力，有些事终究还是是无能为力的时候；第三次长大，是在明知道有些事可能无能为力，还是会尽力去争取的时候。

曾经的我，总忍不住张望三十而立时的样子：是碌碌无为，还是活得精彩？可如今真的到了这一天，却发现"长大"是那么自然的事。在华为这个大平台上，只要勇敢抓住每一个机会，就能在乘风破浪中澎湃而生，而远方，是我永远的奋斗方向。

世俗又理想，佛系也激昂

"你为啥来华为？"——"当初 HR 姐姐说，来华为将来派你去毛里求斯，每天海鲜吃到吐，放假就冲浪游艇大 house（房子）。"

"你在华为最奇葩的经历是什么？"——"在东莞走遍了'欧洲各国'。"

"你介意被打上 90 后的标签吗？"——"不介意，如果可以，我希望打上 00 后标签，心态年轻每天会比较开心。"

上面这些回答并非玩笑话，而是华为 90 后员工的真实声音。

2020 年，最年长的一批 90 后已进入而立之年，成为社会的中流砥柱。而在华为的研发、市场、交付、财经、法务、人力资源等领域，"蓬生麻中，不扶自直"，90 后员工崭露头角，甚至早已扛下大任。

有人说，90 后有个性，爱时尚，追潮流；有人说，90 后很叛逆，很自我，爱享乐。被打上各种标签的 90 后，与崇尚群体奋斗的华为会擦出怎样的火花？他们眼里的华为是什么样的？他们在这里得到了哪些收获，有什么感悟？

为此，我们跟很多华为 90 后聊了聊，发现他们很世俗，也很理想；很佛系，也很激昂；发现他们有相同的认知和价值观，也有很多与众不同的想法。答案精彩纷呈，限于篇幅，挑选部分典型回答，呈现如下。

1. 你为什么愿意来华为？

崔鹏飞（30岁，研发工程师）：硬核科技，通信第一，薪水丰厚。

杜若愚（22岁，研发工程师）：不画饼，做实事，奋斗有相应的回报。

王毅（27岁，研发工程师）：第一届华为全国大学生软件大赛让我与华为相识、相知、相伴。

杨子义（24岁，研发工程师）：始于颜值（高薪大厂），陷于才华（产品优秀），终于人品（奋斗价值）。

张聪（30岁，客户经理）：最初原因是因为可以有海外工作机会，并且民间传闻是"三年可以赚一百万"，于是就来了。

真实同学3（27岁，研发工程师）：与其直接加入业界（终端）老大，不如加入老二干翻老大；听说工资都是零花钱。

三文鹤（24岁，合并会计）：当初HR姐姐说，来华为将来派你去毛里求斯，每天海鲜吃到吐，放假就冲浪游艇大house（房子）。

聂刚（28岁，研发工程师）：HR告诉我说华为在搞云计算，我当时就觉得这是一件可能会改变世界的事情，于是就选择了华为。

钟仁骏（30岁，芯片验证）：研究生专业对口的公司里，华为是比较大的，来的师兄师姐很多，评价都是华为压力很大，但是成长很快，收获很多。我们当时一个班就有40多个来了华为。

王章玉（30岁，交付工程师）：我父亲是华为的客户，比较认可华为；我想去世界各地闯一闯，华为的共建全连接世界的目标我很喜欢，相信可以互相成就；华为重视奋斗、勤奋，比较朴实，我喜欢这种氛围，不喜欢勾心斗角的那种环境。

祁海洋（25岁，交付工程师）：上大学时买的第一部智能手机就是华为手机，开始逐渐了解华为，经常从老师、同学那里了解到华为在通信、终端等领域的进展，让我记忆最深的就是2016年华为5G极化码事件，得知华为在5G领域的地位，更加坚定我加入华为的想法。

王勇（27岁，研发工程师）：毕业季听说心动的女神要签华为，为了潜在的爱情我追到了华为，心理美滋滋地幻想着和女神的美好未来，连将来孩子上哪个幼儿园都安排得明明白白。结果毕业聚餐时，我才知道女神签了华为上海研究所，签了华为南京研究所的我默默流下了眼泪……

刘军（29岁，人力资源）：任总说，钱给多了，不是人才也变成了人才。对个人来说，钱就像一块磁铁，越多，吸引力就越大。其次，华为平台大，机会多，就像一艘航空母舰，小鱼小虾在上面能蹦跶，飞机大炮也能撒欢。更重要的是，航空母舰去的不是小溪湖泊，而是看不到边的大海。

牛翀宇（30岁，研发工程师）：Money？ Funny？ Destiny？（收入？有趣？命运？）每个人可能都不一样。当年我也是手握13个Offer的人，但是来自企业的Offer只有一个，因为我只投了华为。来华为最主要的原因是使命感吧，当年在国外时接触了比较多关于物联网的知识，感觉这个才是能改变世界的一个方向，而我国在这方面才刚起步，正是发力的阶段，值得一搞。

孙嘉宸（25岁，研发工程师）：我父亲是一位已经在通信行业奋斗了三十年的工程师，前些年四川地震，他参与通信恢复工作，说特别有成就感，因为他们恢复通信的速度是最快的！这些年他快退休了，面对着行业转型的压力依然兢兢业业，调整部门管理的方法和架构。有他当榜样，同时我也希望能"超越"老爸的成就，甚至能做一些帮助到老爸的事情，所以选择了通信行业。我司能够给到的平台和视野，以及个人努力得到的回报，使我在做这个决定时并没有过多犹豫，这或许就是个人愿景和公司愿景有交集的感觉！

陶宇驰（27岁，财务专员）：因为两个人，一个是我实习时的审计经理，当时我对华为还没有太多了解，审计经理比较喜欢我，告诉我："小陶，你还是很优秀的，等你毕业了尽量先去华为这样的企业面试，他们办公室跟我们一栋楼，明显一个个都是高富帅啊！如果你没面试上，愿意回来的话，随时来找我。"这时候就在我心中埋下了一颗向往华为的种子。

还有一个是我们曾经的账务副总裁 FAN，他面试我时的专业和儒雅，以及在面试结束时，他主动起身，走出座位，紧紧握住我的手，很真诚地说"感谢你来应聘华为！"他的举动让我十分感动，那也是我下定决心要来华为的一个因素，因为他正是我想成为的样子。

朱颜玉（25岁，核算会计）：两年前我在英国参加华为面试时，面试官问我为什么想要加入华为，我回答说这是一个能让我产生认同感和自豪感的品牌。初到英国时，我一下飞机就在机场看到一大块华为的广告标语牌，在秘鲁做项目时在候机室打开手机 Wi-Fi 看到满屏都是华为手机的热点，甚至我身边的外国朋友也会自发地向同伴推荐华为的产品……这些瞬间都让我真切地感受到，华为不仅是一个响亮的国内品牌，更在逐步走向世界。更重要的是，在那段特殊的日子里，它承载起了一个独自在外的海外留学生的民族自豪感。面试过程中的高效让我对华为的好感进一步加深。面试结束后，公司为拿到 Offer 的同学们开办了一个酒会，提前让我们对华为的文化有进一步了解，这份诚意更是打动了我。

2. 进入华为前后，华为给你的感觉有差别吗？

邓文若（24岁，账务管理）：加入华为前，听说的都是"狼性文化""加班大厂"；入职后，发现身边同事大多很可爱，并没有那么多"大灰狼"。

单依依（25岁，技术翻译）：加入华为之前，公司在我心中更像是顶天立地、雷厉风行的铁血汉子；加入公司之后才发现铁汉亦有柔情，无微不至的行政服务和逢年过节的祝福活动都让人很温暖。

Lee（26岁，核算会计）：（加入前）"卖手机的吧，我一定要好好核算卖手机！"（加入后），"阿姨，我们买手机真没优惠，我们做通信、做企业业务，我是在为构建全连接社会而努力啊！不是卖手机啊！"

蔡忠军（27岁，研发工程师）：进入部门做第一个商用交付项目，被师父一句"在华为没有搞不定的事情"所感染，只要下定目标，要搞定的事情，就会想尽一切办法，所有资源都会为我们开路，最终达成目标。

朱海凤（26岁，研发工程师）：进来前对华为的印象就是"路由器交换机厂商""卖挡子弹的手机"。进来后发现这里是软件和硬件工程师的摇篮与沃土，是无线、交企、传送、接入产品的大家庭，运营商、消费者、企业、车联网各色产品服务的集中营。

三文鹤（24岁，合并会计）：（加入前）觉得就是一家很大很成功的公司，但不甚了解；（加入后）不会再用"成功"来描述公司，因为"成功"有种已经到顶点和结局的感觉。觉得公司在整体上努力，有韧性，开明又严格，是一家很有原则的公司，会有光明的未来，一眼望不到头。

李梦婷（28岁，复核会计）：学生时代对于"不仅仅是世界五百强"的华为感觉就是高端、大气、上档次。进来后，我们先经历了两个月的硬装工地生活，再回到部门看到办公室的红字标语和奖杯奖项名称，加之结账期下午茶不是咖啡甜点，而是卤味鸭爪爪，让我肯定我们是一家高端、大气、上档次，但是很接地气的公司。

徐梦瑶（25岁，研发工程师）：入职前以为加班很严重，时时刻刻非常紧张，会有担心身体吃不消的疑惑。入职之后发现，感觉大部分的加班并不是别人逼着你去做什么，而是你自己愿意留下来学点东西，心里的压力大于身体的压力，宁愿多加点班、身体累一点也不想工作完不成、知识学不会。

牛翀宇（30岁，研发工程师）：（来之前）高端、大气、上档次的一个卖平价手机的公司？5G食物链顶端的存在？满地都是钱的阔佬公司？都是年轻人的大学企业？中国电信工程师的培训基地？（来之后）原来卖手机只是副业……5G确实牛气冲天，但是也不是一家独大。是有钱，但是都是兄弟们的血汗钱。同事关系简单到令人瞠目，很轻松，很融洽，适合作为进入社会的第一站。

孔令晓（28岁，研发工程师）：加入华为前就参与过和华为的合作项目，当时觉得公司和学校不一样，学校搞研究是"越复杂越好"，公司里搞项目是"越简单越好"。进入华为后，又觉得公司和学校好像也没什么不一样，公司的导师和学校的导师一样，都是绝对的"知识分子"，严谨认真，悉心负责；公司的同事就好像是学校的师兄师姐，有求必应，有问必答；研发团队的氛围很单纯，大家都朝着一个方向"使劲儿"，讨论问题时的焦灼与解决问题时的欢心都和学校的项目组没什么不一样。

李馨悦（26岁，财务专员）：（加入前）狼性文化，华为手机。我是P系列手机的忠实用户，特别是P6的粉色手机是我认为目前出过的粉色里最好看的，很可惜后来没有了，为此我还参与过终端同事的超长问卷调查，表达我作为消费者的惋惜之情。

（加入后）相见恨晚。来了我司后见到同事们对专业的执着，始终追求卓越的精神，这里藏龙卧虎，深受启发。记得刚入职时听过一句话：复杂的事情简单化，简单的事情流程化，流程的事情自动化。这让我更是觉得大开眼界。总而言之，打开了新世界的大门。

王重阳（26岁，产品管理）：加入华为前，以为是一家狼性+工资高的企业，2017年在华为实习时看了《厚积薄发》和《在枪林弹雨中成长》，了解到华为并不是一句狼性和工资高就能概括的公司，华为的产业遍布全球，甚至在战乱国家，华为人依然日复一日地坚守，保障通信畅通，让战乱地区、世界上最贫穷地区的人民都能享受到连接的权利。

入职后，我负责的客户基本都分布在亚非拉地区，去艰苦地区出差了几次之后，更深地体会到了华为的解决方案，给世界人民带来的便利，甚至能拯救一个小企业，拯救无数家庭。

布莱恩（24岁，财务专员）：因为有家人在运营商工作，加入华为前对公司的印象停留在他们的描述中，认为华为就是大家都兢兢业业，以服务客户为核心，努力工作。加入华为后这个感觉更加明显，大家的工作比预期的还要认真和投入。作为机关账务部门，我们最大的客户应该是在一线作战的同事。我曾看到过熬通宵帮助海外同事解决紧急账务问题的，曾看到过在一个岗位上兢兢业业十几年、扎根业务、服务一线的，还曾看到过想一线之所想、急一线之所急的，总能主动替一线同事考虑解决问题的。入职两年多来，我深切地感受到了即使每个人的分工都很细，每个人可能只是部门工作中的一颗螺丝钉，但是大家齐心协力，以客户为中心踏实工作、认真服务的精神，这一点是远远超出我的预想，也是我需要学习的。

3. 来华为后，你最大的变化是什么？

余晓平（28岁，高级律师）：高了发际线，深了抬头纹，当然，干瘪的钱包也鼓起了一些弧度。

崔鹏飞（30岁，研发工程师）：非常忙，忙到不刷朋友圈，竟然按时吃饭了，按时午休，按时睡觉了，万万没想到。

看海的女汉子（30岁，人力资源）：以前自己是个美女，现在自己是个有钱、有实力的美女，哈哈。

梁辉（27岁，研发工程师）：心态变化，向上的路总是辛苦的，而不是说大学辛苦以后就轻松了，这都是骗人的。

路盼盼（26岁，研发工程师）：对质量和责任有了更深刻的意识，也更独立了，还学了拳击，在"女汉子"的道路上"越走越远"，不过，也是一个有趣的"女汉子"。

宝贝球球球（25岁，研发工程师）：我一个单线程生物竟然一直在多线程！以前大学的时候多线程很容易就跑飞了……现在就很不一样，有种人类进化的喜悦。

唐林（26岁，研发工程师）：变化很多，最大的变化我认为是责任感。想到我的代码会运行在全球几百万台设备上，就感觉有一种沉重的责任，这种责任感定格了我的工作态度，推动了我对好代码的追求。

官诗雨（24岁，财务专员）：从一个欢脱的小姑娘变成了一个沉稳的"老"姑娘，思考每件事情时会要求自己更全面，谨慎，细心，那个粗心且大大咧咧的我已经一去不复返了。

皮永江（27岁，项目经理）：更加自信了。来华为之后遇到了好领导愿意好好培养我，遇到了好导师耐心地指导我，部门的每一个人都耐心为我解答每一个问题，在面对新的挑战时，内心更多的是"我可以！""我们可以！"

王章玉（30岁，交付工程师）：我在华为的第一个月找到了老婆，第二年结婚，这个很重要，也很感恩；在华为的前四年体重增加了50斤，去年一年减肥成功，减下来45斤，恢复正常；思想上成熟了很多，明白如何影响更多人，和更多优秀的人一起成功。

张家佳（26岁，交付工程师）：变化最大的是人际交往能力。我以前是个很容易害羞的妹子，说话都不敢大声。入职后，总是要开会讨论方案、和客户沟通、进行方案设计、阐述自己的想法。现在我的"社交恐惧症"已经治得七七八八了，我爸看到我这个变化，那是老欣慰啊。

孔令晓（28岁，研发工程师）：从习惯单打独斗到有了协作精神。刚开始我还很不习惯，觉得事情总是赶得很急，不能给人足够的独立思考的时间，慢慢才开始明白不是所有事情都要自己死磕的，团队协作的力量永远大于自己一个人的绞尽脑汁，所以时刻提醒自己：做最好的自己，成就更优秀的团队。

刘云飞（24岁，研发工程师）：最大的变化是思考问题的方式。华为人最让人敬佩的就是惊人的执行力，而这种执行力背后是缜密的思维模式。我参加了公司系统性思维、创造性思维的培训，让我受益匪浅。在华为想要把事情做好，首先要条理清晰地分析出到底要怎么做,要达到什么样的效果,然后快速执行,这种事成人爽的感觉太好了!

黄雄发(22岁,交付工程师):来华为前后,除了逐渐变少的头发和逐渐变厚的钱包,我最大的变化是从一名"网红"校园吉他手变成了一名"网工"(网络工程师)。作为一名网工,要有一定的技术能力和沟通协调能力,对综合素质要求较高。在这些方面,尤其是技术能力方面,我来华为后得到很大的提升。这对我这种有技术情结的人来说是十分宝贵的财富,也是我从事其他行业所得不到的。

陶宇驰(27岁,财务专员):改变最多的是看待事情的视角、解决问题的方式。华为成熟化的管理体系,让我们看到问题时不停留于表象,而是挖掘整条流程线去找到根因,再逐一找到解决方案,不是以前那种被动跟着问题去解决问题,而是主动跑到问题前面去长效管理问题。这一点改变对我帮助很大,这个能力不管是在工作中还是生活中,不管是在华为内还是华为外,都能使人受益。

4. 你在华为第一个月的工资是怎么花的?

吴振宇(26岁,技术翻译):去华为南京研究所对面的雨花客厅吃了一碗168元的面。

马辽原(29岁,渠道核算):取出来装在信封里,回家后风轻云淡地放在桌上,告诉爸妈"儿子长大了"。

王士奇(23岁,研发工程师):在小酒吧里点了一杯冰球威士忌,心想:呵,我也是有事业的男人了。

刘宇恒(25岁,研发工程师):通过合肥工业大学研究生支教团给贵州山区的一个小孩子捐了一年的学杂费,虽然不多,算是了却当年想去支教团却没有足够勇气的遗憾。

朱颜玉（25岁，核算会计）：给爸妈、男朋友以及男朋友的妈妈都各买了一些礼物，感受到了凭借自己的努力成为"奉献者"的快乐。

张述（24岁，研发工程师）：买了按摩椅送给爸爸，挑了件裙子给了妈妈，带着小伙伴们吃了顿大餐，买了第一部华为手机。

赵嘉靖（27岁，研发工程师）：算是第一桶金，大吃了一顿，给父母、女友各买了件小礼物，剩下的都在银行攒着买房。

李姗姗（29岁，研发工程师）：第一份工资就拿来还研究生阶段的助学贷款了。第一次体会到了赚钱的快乐。

欧酱（23岁，账务专员）：大部分吃了，早茶、椰子鸡、八合里、烧鹅、猪肚鸡、粤菜……（来到一个新地方，当然是探索美食），另外给家庭群发了一堆红包，宣布本人终于不啃老了！然后，就开始期盼下个月的工资。

陈耀如（30岁，研发工程师）：花了五千多元给女朋友买了个手机，其他的攒起来了。当然，女朋友最后也变成了老婆，所以也都算是花在了自己身上。

5. 来华为后，你最大的收获是什么？

赵国钧（24岁，研发工程师）：信任与理解。自己做的事情是有意义的，是被认可的。

张磊（27岁，研发工程师）：懂得了"学会敬畏"。敬畏客户、敬畏项目，永葆一颗敬畏之心，做事才能更务实，才能践行以客户为中心的价值。

陈耀如（30岁，研发工程师）：有了经济基础，完成了人生的多件大事；对于自身，做事情更加有条理，其实华为的一套流程和理论对生活中的很多事情都有指导意义。

武昊（30岁，人力资源）：完成资本原始积累，有了人生中第一个100万，人生中第一套房，人生中很多第一个、第一次……物质生活得到满足，成为家庭的顶梁柱。

解惠（28岁，事务助理）：最大的运气，不是得了大奖，不是捡到了钱。最大的运气是你碰到一个人，能提高你的思维，把你提升到一个更高的平台。生命中的贵人就是能够改变你认知的人。

李姗姗（29岁，研发工程师）：来华为后，目标更加清晰了，更加清楚自己需要什么样的人生，在华为这个大舞台上，自己要做什么样的努力去实现自己的目标，每天都过得很充实，不再像学生时代迷茫了。

程丽媛（27岁，财务专员）：认识了太多优秀的人，结识了可以做一辈子朋友的同事，从他们身上看到了我人生更多的可能性。人生不设限，朝着自己梦想前进的每一步，不管多苦，心里都是甜的。尽管工作和生活总是五味杂陈，但身边的人一直是甜的。

徐奕宏（30岁，财务专员）：视野变宽了，去遍了魔幻的拉丁美洲国家，一个词不懂也敢到处蹦跶了：体验了原汁原味的墨西哥足球联赛、多米尼加棒球联赛，理解了当地对体育运动的热情；去遍了那里的海滩，出海与海狮、鲨鱼一起游泳，体会到大自然的奇妙；吃遍了那里的KFC，最后发现国内的KFC味道最好……

布莱恩（24岁，财务专员）：最大的收获是一直在学习中成长。入职以后的工作一直都在实践最前沿，最新潮的东西，比如AI（人工智能）风控，比如数据中台，也有幸一直和行业"大牛"以及博士们保持交流，从他们身上和具体的工作中一直在不断学习，不光是先进的理念和理论，更多的还有工作的方法和人生的态度，这些对于刚从学校走入职场的我有莫大的帮助和推动，也让我成为周围同事眼中"成长非常快"的一位。

6. 你在华为最奇葩的经历是什么？

Lee（26岁，核算会计）：在东莞走遍了"欧洲各国"。

看海的女汉子（30岁，人力资源）：我的师父成了我的老公。

刘军（29岁，人力资源）：一进公司，发现公司同名的竟然有107个……

YOYO（30岁，UCD设计师）：出差，酒店如厕中接入WeLink视频会议，不小心被投屏，"天花板视角和冲水声"让我尴尬至今。

崔鹏飞（30岁，研发工程师）：一个月吃了好多回庆功宴（过节、办公室乔迁、冲刺等，一言不合，来一次香槟聚餐，美得不要不要的）！

栗文雨（30岁，系统部副部长）：2018年年初，一个月内飞了14趟，在东北半球冬天、西北半球冬天、南半球夏天之间来回穿梭。

赵国钧（24岁，研发工程师）：一名13级的新员工居然也会被信任去做一个特性项目的项目经理。敢用人，给不同的人以不同的发展空间。

姜恒源（23岁，研发工程师）：搬家，这么大个研究所大搬迁，我想着怎么也要搬一周，说不定还能放两天假。结果一个周末就搬完了，周一正常上班，不得不佩服我司的执行力。

武昊（30岁，人力资源）：客户下午4点通知明天在区域开Workshop（研讨），所有的航班订满，午夜坐着没有空调风扇的大巴，赶最后一班轮渡，然后和八个人挤在一辆小巴上风驰电掣了三个小时，终于在早上 8 点前抵达 Workshop 地点。

许逸骥（27 岁，交付工程师）：有一天因为 IT 原因求助，后来发现对应的接口人是我大学同班同学，他在做平台系统的研发，大学毕业之后就比较少联系，没想到居然在 eSpace 相遇了。仔细一聊发现另一个同班同学也在华为工作，在西安做产品研发，真的是太巧了。

欧酱（23 岁，账务专员）：午休！大家像在幼儿园时一样，按时熄灯，一群人躺在办公室排排睡。一开始是真的不适应，每天躺着睁眼到开灯，一段时间后：真香。现在已经每天到点儿就困，不睡不行，这点上，公司真的像一个老母亲，每天按时让睡觉、按时叫起。

陶宇驰（27 岁，财务专员）：无意识的前提下跟 20 级领导称兄道弟、谈笑风生。有一次出差时正巧与一位同事同行，他看起来可能也就比我大个几岁，我就和他愉快地聊了一路。后来才知道他是新来的系统部部长，顿时觉得太尴尬了，不过也正巧有这段经历，后续所有和系统部的沟通配合都特别顺畅，也让我感受到了华为的领导多么平易近人。

7. 你会推荐别人来华为吗？如果有朋友想来华为，你最想对他们说什么？

马晓迪（26 岁，研发工程师）：会的。试问钢铁是怎么炼成的？在这里才能感受到精髓。

唐铭（26 岁，研发工程师）：会。来吧，长胖和夜宵等着你。

胡鑫男（24岁，研发工程师）：愿意推介！我带你"入坑"，你陪我"填坑"。

华立群（28岁，销售工程师）：愿意死磕自己的，来！想蹭大船的，别来。大船需要划桨者。

柯小飞（26岁，销售工程师）：做好心理准备，要经得起大起大落，准备好吃苦，准备好麻袋装钱。

蔡忠军（27岁，研发工程师）：会。我想对他们说，没有爹拼的，那就来这拼自己的本事吧！

王章玉（30岁，交付工程师）：我会推荐别人来华为，我也一直在这样做：这里付出必有回报，这里环境宜人，这里工作很有意义。

牛翀宇（30岁，研发工程师）：会。华为并不是理想的乌托邦，就是一帮苦×的人为了梦想或者钱干着苦×的活儿，会有人顾及你的感受，但不是所有人。

聂刚（28岁，研发工程师）：会推荐。最想对他们说，华为还是一个非常务实的公司，来了可以好好专心做事情，不用去到处拍马屁。

曹宇（23岁，研发工程师）：推荐，也不推荐。华为推崇奋斗，推崇有高付出就有高回报。请三思，确认自己到底想要的是什么，如和华为想要的吻合的话，那非常推荐；如果南辕北辙，那当然不推荐。

于兴锭（30岁，系统部部长）：会推荐。华为是能让你在30岁前就年薪百万的公司；华为是能让你看到大千世界、体验不同文化的公司；华为是能让你付出就有回报的公司；对于年轻人来说，华为是一个最能历练人的公司。当然，如果没有艰苦奋斗的价值观，还是要考虑考虑是否来华为。

8. 你介意被打上 90 后的标签吗？为什么？

路盼盼（26 岁，研发工程师）：不介意。无论我有多少标签，甚至没有，我都是独一无二的。

许辛达（30 岁，研发工程师）：小时候喜欢装成熟，长大了就喜欢装嫩啊。刚入职特别介意，还特地留了胡子显得成熟。现在不但不介意，还巴不得被打上 00 后的标签。

宗泽升（29 岁，研发工程师）：不介意。如果可以，我希望打上 00 后标签，心态年轻每天会比较开心。

刘兆策（交付工程师）：不介意。以前很多同事认为我是 85 年、86 年的，现在一些入职的新员工以为我是 82 年、83 年的了。我真希望他们知道我是 90 后。

谢宇翔（28 岁，办事处副主任）：不介意。感觉进了公司后，也没有被人当作 90 后看待，到了一线直接拿枪上战场，没有人因为你是新人就区别看待你，我觉得这样很好，一个人不应该因为年龄而被打标签。

黄伟鹏（24 岁，研发工程师）：介意被打上"怕苦""不能艰苦奋斗"的标签。因为虽然说 90 后更加注重个人感受，但是并不是不能吃苦，而是不想被忽悠。如果能够将目标明确，并且给予一定的支持，在吃苦耐劳上我们并不比前辈们差。

王章玉（30 岁，交付工程师）：不介意。这个标签现在都快成老年人的标识了，没关系的，更重要的不是他是哪个年代的人，重要的是他的思想是不是一直跟得上时代，就像钟南山院士，他生在什么年代都会是一个非常优秀的人。

不愿透露姓名的姜先生（24岁，合同工程师）：完全不介意。能够体现我们的特征，让别人快速认识。其实我觉得这标签还可以再细一点，比如91后、92后、93后……毕竟95年的我和94年的老家伙们不一样。

聂刚（28岁，研发工程师）：不介意。90后、00后以前总被说是垮掉的一代，现在看起来因为90后的长大，这个世界不仅没有变得更糟，反而变得更美好了，我觉得挺开心。

朱海凤（26岁，研发工程师）：不介意。90后以前的标签是非主流、独生子女（娇宠）、无担当。现在90后的标签已变成年轻有为、成熟稳健、有想法、有能力的新中流砥柱。90后是时代的产物，更是这个时代成就了我们。

9. 美国制裁后，你对华为、对自己工作的感受有变化吗？

付国娜（27岁，财经专员）：完全没影响，好好干自己的事情就好了，相信公司会愈挫愈勇。

路盼盼（26岁，研发工程师）：公司更重视创新和研发能力。技术还是握在自己手里比较踏实，也是一批华为"英雄"崛起的时代。打赢了这场战争，华为会从上仙变成上神。

符大伟（26岁，研发工程师）：工作量变多了，公司的激励也变多了。攻关的夜晚，夜宵提神醒脑，普天同庆、项目连续性奖励振奋人心，更有种枕戈待旦的战场氛围了。

王涛（25岁，研发工程师）：基本没有什么太大变化，冷静踏实干好工作就好。局势不会因为口号多响而改变，问题不会因为仅凭一腔热血就能得到解决。扎根做好自己的每一项工作，就是最好的贡献。

马辽原（29岁，渠道核算）：我认为不论5·16事件之前还是之后，华为始终以客户为中心的谋生存、求发展的大道至简的方针始终未变，但是自己在工作时的心气确实变得更加激昂慷慨、更加敢为天下先。

谢国超（27岁，研发工程师）：有的。一夜之间气氛似乎就严肃了好多。大家都会主动干更多的活，更高效地完成工作。大家协调的效率也更高了，因为我们都有了一个新的共同的目标：活下去，更好地活下去。

郑养龙（28岁，交付工程师）：5·16事件的发生，自己对华为和对工作的感受是有所变化的。对华为，深刻感受到华为在面对重重困难的时候，所有员工万众一心，没有对自己的工作有所懈怠，依然积极努力地走在奋斗的路上，没有横眉冷对千夫指，但却俯首甘为孺子牛。对自己，更加严格地要求自己遵守公司的规章制度、客户的规范标准，做好自己的本职工作，坚决不给公司、不给部门、不给团队添麻烦。

冯宝宝（26岁，秘书）：作为华为的一名普普通通的员工，我感受到了公司和周边环境的压力，但我没有选择义愤填膺地抱怨，而是更加专注于我的工作，更加想去配合好我身边的同事，种好自己的土豆，磨好自己的豆腐。我想不光是我，每一个华为人在临危受命时，都不会乱了阵脚，困难来了，只有一个字：干！时代造就英雄，历经磨难的华为必将展翅高飞，中华必将有为！

YOYO（30岁，UCD设计师）：有变化。我们认识到了美国给我们的压力不会是一时的，可能会持续很久，困难重重。原创和拥有完全的自主研发能力将成为我们的"救命稻草"。有幸通过官方主题工作室的开放,接待讲解,给外界传达一个真实、开放、专业、艺术的、有温度的华为。

孔令晓(28岁,研发工程师):工作本身其实是没有太多变化的。作为一名海思芯片的研发人员,我们的工作进展一直都是很紧张的,工作要求一直也都是最严格的。但是心态上就产生了微妙的变化,我本来就有一股不服输的劲儿,经过5·16事件,我就更加想打赢,通过实力、通过产品证明我们自己,向下扎到根,向上捅破天。

杜若愚(22岁,研发工程师):最大感受是5·16事件发生时,华为内部的平和。在美国接连制裁下,外界风声鼎沸,各色言辞都有,但是华为内部还是按部就班,同事们仍然讨论问题,推进项目,项目节奏稳步加快。并不是身在此山中的不自知,而恰恰相反,是因为华为本身是一个坚韧的公司,也是一个居安思危、早有准备的公司,而每个华为员工,时时刻刻都在冲锋,面对困难没有畏惧。

欧酱(23岁,账务专员):我是5·16事件之后才入职华为的,这个事件发生时想过还要去吗?后来还是不认怂地来了。进公司后,看到的是大家仍然有条不紊地工作,甚至比我想得更有凝聚力,不是外部环境给我的信心,公司内部的状态才让我信心十足。作为账务,我们在这样的环境下需要做的就是更好地支撑前端,更好地做好风险监控与识别。做好本职工作,就是对公司最大的支持。

朱海凤(26岁,研发工程师):5·16事件后对产品线产生了一定的影响,加速了新产品的研发、推广和独立自主全栈的脚步,给新员工更多迎接挑战的机遇。作为新员工,大家都迅速在新产品的研发中担任必不可少的重要角色,自己也作为独立包的负责人始终参与新产品的研发、生产、试制的全流程,责任感与自豪感不断激励着不知疲倦的脚步。

雷瑜（24岁，研发工程师）：5·16事件的发生，让我体会到了什么是"华为速度"——所有员工团结一致，快速高效发布新版本。公司内同事们日夜奋战，公司外家属们加油打气，我闺密们说："好好干，关键时刻一定要稳住，熬过去你就是为国争光的人了！"听上去虽然有点夸张，但却是最实在的支持和鼓励，我也更加有信心我们能打赢这场没有硝烟的战争。

周守坤（23岁，交付工程师）：第一个是自我感知，5·16事件后社会上对华为格外关注，一度上升到各媒体热搜第一和头版头条，但是外界舆论沸沸扬扬，内部却很Peace（平静），都仍在坚守自己岗位，踏踏实实做好分内的工作，大家的精气神和冲劲更加充足，这是我很欣赏我司的点，就是处事不惊，临危不惧，踏实前行，低调行事。

第二个是我自身的改变。从5·16事件后，自己也主动投身补齐"补窟窿"的大流中，认真做好本职工作，将其发挥极致，与团队协作争取早日完成改造。同时自己也坚定信心，任何艰难困苦，都不能阻挡我司前进的步伐。日后跟自己孩子谈起5·16事件，我可以自豪地说，你爸我当年……

10. 来华为后，有过动摇或沮丧的时刻吗？是什么原因让你选择继续留下来？

石晨晨（27岁，研发工程师）：有过沮丧的时刻，留下来的原因是我觉得咬咬牙总能克服一时的困难和沮丧，历经蛰伏的生命，总能迎来新的世界。

武昊（30岁，人力资源）：会有无力感爆棚的时候，想想银行卡里的余额，想想家里的老人，想想留存在脑子里的知识和行为举止中的经验，想想自己在华为没有学到、没有经历过的一切，留下才有更多的选择与可能。

程丽媛（27岁，财务专员）：有。刚入职时度过了艰难的一年时间，是同事和领导的鼓励让我继续留下来。更重要的是不忘初心吧，怀揣着不破楼兰终不还的勇气，不想被大浪淘沙，想证明90后这一代并不是温室的花朵，我们可以是寒冬中的蜡梅。

贾锡晨（27岁，研发工程师）：沮丧是肯定有的，刚开始独立承担业务时，每天一堆问题根本处理不过来。留下来是因为好胜心吧，觉得我师父能做到我咋就不能做到呢？

喻娜娜（28岁，研发工程师）：刚入职时有过，当你觉得周围的人都很优秀，自己却什么都不会的时候就很沮丧，但是我的主管和同事们没有放弃我，我怎么能自我放弃呢。

真实同学3（27岁，研发工程师）：当然有过沮丧的时刻。当成长环境与工作环境有文化冲突的时候，当经常大半夜和周末被拉入电话会议的时候。继续留下来的原因应该是能够发挥个人价值和对现有工作的热爱吧，团队的氛围很好，领导也有人格魅力。

看海的女汉子（30岁，人力资源）：有过沮丧的。女生在华为挺不容易的，既要努力工作、做出成绩，回家要陪娃玩儿，还要照顾老公的情绪，甚至有时受气，还得想着爸妈、公婆，不能忽视和怠慢他们的感受。在我看来，无论在哪儿，都会经历磨炼，与其觉得这些是重重困难，不如坚信：只要我们竭尽全力，一切问题都能搞定。

欧酱（23岁，账务专员）：推项目推不动、拉通找不到相关的人、学习新的Case（项目案例）有阻力……沮丧的时刻必然是会有的，但我并不认为这是在华为才有的,不管什么公司、什么岗位,都有挑战,都有压力,到目前为止还没想过离开,就像之前提到的,我在这里最大的感受,就是这个地方不会辜负努力去变得优秀的人。

雷瑜(24岁,研发工程师):有过。因为我是以研发的身份进来的,但是做了一年,成绩平平,即使利用空闲时间去学习也心有余而力不足,不能做得很出色,所以曾经多次想要放弃这一行业。主管似乎看出了这一点,他开始从我的兴趣和优势入手,因为我性格外向,也喜欢到处跑跑,就让我去出差交付项目,渐渐地我喜欢上了这份工作,向客户介绍产品,为客户答疑解惑,客户的好评是我坚持下去的动力。感谢主管能够让我在这一行业发挥所长,帮我找到了工作的方向。

小H(25岁,研发工程师):有过很沮丧的时候,就是在一线交付实践时,工作难做,工作结果受到质疑,工作态度也被质疑,加上又是北方的冬天,一度很难熬。但是从没有想过要离开,因为工作中肯定是有困难的,这是无法避免的客观现实,一帆风顺只是一种美好期盼,所以,不能说一遇到难题就跑,就像打游戏,遇到很难打的Boss,那就努力打败它,往往过了这个关卡也会获得很多经验,还有升级!

周守坤(23岁,交付工程师):从来没过有。因为热爱和自我价值的实现。记得在上海崇明岛参加客户例会时,客户说:"4G改变生活,5G改变社会,在崇明岛有很多农场,当这些农场因为5G覆盖受益,这将对我们崇明百姓产生巨大的收益,而这正好是契合我国的扶贫国家战略。"当时我鸡皮疙瘩都起来了,伴随着誓将5G建设好的责任感的同时,一股自豪感和荣誉感油然而生。另外有句话一直激励着我——"一个人重要的是他的学识、涵养以及对这个社会的贡献。"因此我申请去非洲建设网络，也是想给非洲人民带来便捷的网络，消除沟通的隔阂，将数字世界带入每一个人、每一个家庭和每一个组织，构建万物互联的智能世界。很多人会嘲笑我感性和太傻，但是这种自我价值的实现进而对社会产生贡献是我一直的追求，也是我自己内心深处的坚定信念。

许辛达（30岁，研发工程师）：有啊，几乎是天天都很动摇。100天中有99天都在深深地自我怀疑："我干吗去接这个任务？""又想质量高，又要砍进度，咋整啊？""当时干吗和领导拍胸脯说搞得定？""这个代码怎么可能有问题啊？""你们改了代码怎么不和我说啊！"

继续留下来的原因，那就是剩下的那1天中，"xxxx里面的芯片，是我们做的！""我居然能搞出来！""这个地方好像能优化一下！""我有一个新想法！"

我的目标是做业界第一的芯片，每天都面临看似不可能的事情，不断尝试，想尽办法解决问题，达成目标，每天充满了挫折。而当解决问题、完成任务、云淡风轻地说一句小Case，这感觉会让人上瘾。

这一点点小小的成就感，是继续前行的最大理由。

而立之年，中流砥柱

90后一言不合就离职？90后不能吃苦？90后不好管理？个性张扬的他们能否适应华为的艰苦奋斗文化？更加追求自我的他们能否融入华为集体奋斗的大家庭？

对此，我们采访了三位华为主管，他们的团队都有个共同特点：就是90后成员占大多数。而且，他们的团队在业务及管理上都取得了较好的成效。他们是怎么看待90后管理的，又有什么管理心得和方法，能最大程度发挥90后的才能，释放他们的潜能？

WLAN开发部经理王世康：

不要尝试去"管"他们

90后视野更广，更懂得变通

我们团队180多人，近一半是90后，我发现90后这个群体是比较有特点的，一是因所受的教育较好，他们的视野要更宽广一些，大部分员工有国外旅游或做交换生的经历。

二是从性格上来说，90后"轴"的比较少，他们对新的事物有更强的兴趣,更容易变通。他们不喜欢钻牛角尖,遇到难题,他们不会一条路走到黑,陷在自己的思路里出不来,反而是变通一下,比如参考一下别人的经验,想出一个新办法。比如天线博士周晓,今年 30 岁,他在做天线设计时,发现调试的效率比较低,他要做很多体力活,于是他就做了一个自动化测试和仿真的工具,让机器代替人力 24 小时"跑"数据,从而提升了研发效率。

如何用好90后:明白人带路+广开言路

每个 90 后都有自己的个性和诉求,如何带动他们一起取得产品和项目的成功?以我个人的经验来说,第一点,要懂技术,要深入业务。对技术、对业务以及对他们的工作的了解必须足够深入,主管自身要花精力进行技术的持续学习,参与一些问题的攻关,这样才能和他们在"同一个频道"上交流,才有能力发现他们的价值。否则,他会认为你不了解他在做的事,还指手画脚,没有本事当他的主管。但作为主管,我也不可能做到精通所有的业务,那怎么办呢?这就需要把"明白人"请进来,带领团队共同前进。我们做芯片的时候,聘请了芯片领域的技术专家冉建军博士来做芯片设计组的组长,主导 WLAN(Wireless Local Area Network,无线局域网)芯片架构、技术规划和设计,对芯片架构设计和竞争力负责。新人在他的带领下,很认可工作安排和团队氛围,技术上也能得到更快的成长,对他评价很好。

2018 年我们团队来了几个 90 后的博士。他们很有想法,如何用好他们也是一个难题,我就建了一个"博士论坛",其实就是定期每月一次"喝咖啡",让他们相互激发和碰撞,把自己遇到的困难、困惑或者想到的 Idea(创意)抛出来。一个人分享的经验也许就能解决另一个人的困惑，一个人专长的领域也许能帮助另一个人触类旁通，一个人的优秀实践也许能变成一群人的实践落地。苏州研究所也很支持，还给我们赞助了喝咖啡的费用。我们做 Wi-Fi 信号的抗干扰，就是在一次喝咖啡的头脑风暴过程中产生的，有人提出抗干扰的算法和天线结合，大伙儿一听，似乎有戏，之后几个博士和新员工分工合作，通过几个月努力实现了这一创新。

不要尝试去"管"他们

90 后很独立，也比较直接，有什么事直接就找你说，他们在科研上也特别能吃苦，但不愿意被天天"盯"着。他们更喜欢的做法是，一件事，你明确授权给我，把责任给我，我能做好，成果也是我的。

没有一个士兵愿意为不熟悉的将军去战斗，他们不喜欢高高在上、做事死板的主管，更喜欢接地气的主管。我原以为 90 后比较"宅"，其实他们下班后会组织打游戏对战，或者网吧开黑。作为主管应该尊重每个人的爱好，放手让他们去做，为他们营造更宽松的氛围。

陈永兴是 AP（Access Point，接入点）的开发负责人，今年 32 岁，我们去年要开发自研的 SDK（Software Development Kit，芯片驱动软件开发包），里面有好几个领域大家都没有开发经验，只能让一些兄弟转行去做，怎么干呢？陈永兴就提出了一个业务"双选会"，召集 Wi-Fi 全员开一个 Wi-Fi 战力部署对齐会议，让大家自己选战队。当时我还有点担心大家会不够积极，毕竟原来我们都是安排工作任务，让大家自己选会不会有些事没人做了。但是这场双选会很热闹，几个战队队长和技术专家针对本领域技术优势、发展空间及组织重要性进行招募宣讲，之后全员公开投递志愿，阐述希望队长录取自己的理由。还有些非本领域的同事想跨界去另一个领域，94 年的符大伟就是其中一个。他入职不到一年，原先是 LMAC（MAC 层）领域，这次主动挑战 PHY（物理层软件）领域，并成功加入。还有人自发为投递志愿的人拉票，现场气氛意想不到的热烈，共有 24 名 90 后自荐成功，占双选会参与人数的 70%，最终他们组成盘古、创世、宙斯三个战队，共同打造最强 Wi-Fi 自研芯片 SDK。

其实不管是 80 后、90 后还是 00 后，大家都是有梦想、有激情、有能力做一番事业的，如何更好地发挥他们的价值，对我来说一直是一个不断学习的过程，特别是在当前业务连续性的关键阶段，对管理者依然是一个很大的挑战。任何管理都没有固定答案，更多的可能还是因人而异，因事施策。

大中华终端电商部部长张俊松：

我眼里的 90 后，天生就是奋斗者

我是 2000 年 3 月加入华为的，先后在研发、市场、变革等体系做过管理工作。2016 年转入大中华终端负责电商部工作，相较于此前的团队，目前我所在的团队有些特别，整体上约 70% 是 90 后员工，超级年轻。怎么带领这一群年轻人融入华为文化呢？

充分放手，把做事的权力给他们

我的体会是首先要做到完全信赖。年轻人旺盛的精力、极强的好奇心、不拘一格的想法和智慧必须要因势导入到战天斗地的工作中。我充分放手，把做事的权力给他们。我总是鼓励大家去试、去闯，

张俊松参加华为 EMT "20 分钟"分享会

在实践中探索。加上电商业务独特的创新驱动和快节奏，90 后们加入电商很快就能找到风驰电掣般的操控感。电商零售不存在闭店下班一说，时刻都有消费者在线，业务 24 小时运转全年无休。这些 90 后忘我苦干，加班、熬夜完全不在话下。看着他们生龙活虎、忙忙碌碌的身影，我觉得他们天生就是奋斗者！

　　一个 95 年的姑娘加入电商部两年，目前负责电商部的流量模块，看护年均 10 亿 UV（Unique Visitor，独立访客）的各大流量口，重任在肩！还有一个 90 年出生的小伙子，带领团队用一年多时间，就把我们在天猫、京东两个平台上的官方旗舰店总粉丝量做到了 5000 万以上。目前他们又在发力直播，敢闯敢试。另一个 97 出生年的姑娘刚毕业进来，我们就让她做搭建整个电商 IT 系统的业务牵头人，她需要跟深圳机关高级别的 IT 专家对接探讨。刚开始她还怯生生的，但真正上手后，风风火火，做得非常好。她说就因为这份信任和做事的机会，再难也要上，逼着自己潜力大爆发。蓬生麻中，不扶自直，他们的奋斗精神和使命感是完全不必担心的。

不要叫我"总"，叫我"哥"

有效的团队管理应该是基于成员之间内心的连接，只要心是年轻的，代沟实际上是不存在的。在我们大中华电商部，所有人都叫我"松哥"或者"Johnson"，没有叫"总"的，我也管他们叫"哥"、叫"姐"，无论年龄。工作之余我经常跟90后们聊天谈心，问他们认为什么样的管理方式是好的，发现答案都比较相近：他们希望主管是开放、包容、客观、真诚的，不要用过多的条条框框去约束他们。

毋庸置疑，新生代员工在经验上是欠缺的，在开放、包容、给足做事机会的同时，一定要给予充分的指导。我们除了提供通用的培训体系之外，还实行导师制，为每一位新来的人配备资深导师。从价值观的树立到工作技能的养成，导师都要负责，新人成长的好坏都记在导师头上。这个导师制不是简单的三个月时间，而是长期的，直到完全上路，我们开玩笑说一朝为师终身负责。新人们清晰地知道自己的成长情况会影响"师门"，都拼命学习，不甘落后。有些90后成长得很快，在工作驾轻就熟之后也开始做导师带新人，他们做导师的样子也是一丝不苟的。

管理大师彼得·德鲁克说："管理者的任务不是去改变人，而在于运用每一个人的才干。"对此，我深有体会。

解决方案重装旅作战营班长武晓菲:

90后,让我看到"新"世界

我本身是个85后,2008年毕业后进入华为做产品销售工作,两年后被派到拉丁美洲,带着一群90后"小鲜肉"开疆拓土,负责W产品在整个拉丁美洲区域的销售工作。

那是我最累也最快乐的一段时间,我这个被他们称为"老阿姨"的Leader(主管),陪着他们一路哭一路笑,一路成长一路收获,他们也让我看到"新"世界,看到了天高海阔的无限可能。

他们喝的咖啡,不只是咖啡

我还记得第一次见小袁时的情景。当时我约他聊一下墨西哥市场W产品的销售情况,他正打算预订会议室时,我说:"你找个喝咖啡的地方,我们在那儿聊吧!"

那一瞬间,他的眼睛亮了一下,拘谨也散了不少——真是单纯又直爽的孩子。那时我就感觉到,其实和他们拉近距离很简单,就是别摆架子,真诚相待。

90后的员工,虽然也会遵守公司的条条框框,其实心里是向往着自由平等的。在他们看来,咖啡吧里那一杯杯热气腾腾的饮品,暖的不只是人心,还在氤氲中拉近了彼此的距离。

有的人在咖啡厅里获得了更多和客户交流的机会。有的人在喝咖啡时打破了部门墙,和其他业务部门的同事聊得眉飞色舞,后来在工作配合中也顺畅了很多。

他们希望有足够的空间去驰骋,如果能给他们更多的宽容,就会发现在给他们"松绑"的同时,也打开了更多的工作边界,能释放出他们更多的激情和能量。

他们玩出来的"收获",让客户很开心

90后的员工平时会非常用心工作,但周末也有自己的生活。

我的团队成员有的喜欢打网球和高尔夫球,有的会学习潜水、冲浪,有的还会在周末或者假期时出去旅行、住民宿。

但我之前从没想到,他们这么上天入地的玩,居然能打开市场拓展的新思路。

他们去打高尔夫球时,发现球场的网络信号很差,就跑去和客户说,这么多"高富帅"扎堆的地方,又不缺钱,怎么能不好好地给人家改善下网络覆盖质量呢?

他们去住民宿的时候,发现没有无线网络,就问房东为什么这个区域没有安装宽带,开户有什么难处……他们去玩的地方通常都是旅游胜地,客户也可能会去,但之前住的都是高档酒店,就难以发现这些问题。他们和客户交流这些感受时,让客户很惊讶,也很有兴趣。因为对客户而言,这些生动鲜活的故事有温度,让他们能获得更加"接地气"的感受和反馈。

也许90后的员工在解决方案的宣讲能力上,不一定比得过那些资深的销售人员,但他们对生活的热爱和好奇心有时却能打开新世界的一些大门,取得让人意想不到的效果。

他们需要更加"独特"的对待

90后的员工思维活跃,凡事都喜欢问个"为什么",要想让他们全心付出,得讲清楚做这件事的价值和意义,并给他们足够的信任和更富有个性化的引导。

比如我在引导他们学习项目运作时，不会拿着公司那一套"包打天下"的项目管理运作 PPT 统一讲解，而是把项目运作比喻成"追女朋友"，然后点对点地和每一个团队成员沟通。你现在这个项目里的"女朋友"情况如何，"岳父""岳母"的态度如何，你有没有搞定她的"闺密"，周围是神助攻还是猪队友，你弄明白"女朋友"想要怎样的"婚礼"和"蜜月旅行"了吗……

这样的沟通方式让这些 90 后"小鲜肉"们更容易接受。那时他们大部分都是单身，对如何追"女朋友"的话题还是很感兴趣的。有时我还会借机拉近团队成员之间的距离，在某个人和我吐槽他的"女朋友"不好追时，安慰他"XXX 才悲惨呢，他的'女朋友'周围全是反对派……"

我慢慢发现，他们对项目运作的理解真的越来越透彻了，丝毫不亚于我们以前从什么"项目管理十四问""五环十四招"里学到的套路，甚至能更加活学活用。大家彼此之间还经常互相交流、一起探讨，不仅个人能力提升了，销售业绩上去了，团队凝聚力也加强了。

在短短的几年时光里，这些毛头小子渐渐都成了拉丁美洲各区域的负责人，拉丁美洲 W 产品的销售业绩在公司内始终保持第一。我从他们身上看到了激情和勇气、责任和担当，也看到了熠熠生辉的未来。